用對熱血，人生就定位

小宇宙世代成就自我的12個關鍵

林奇伯 著

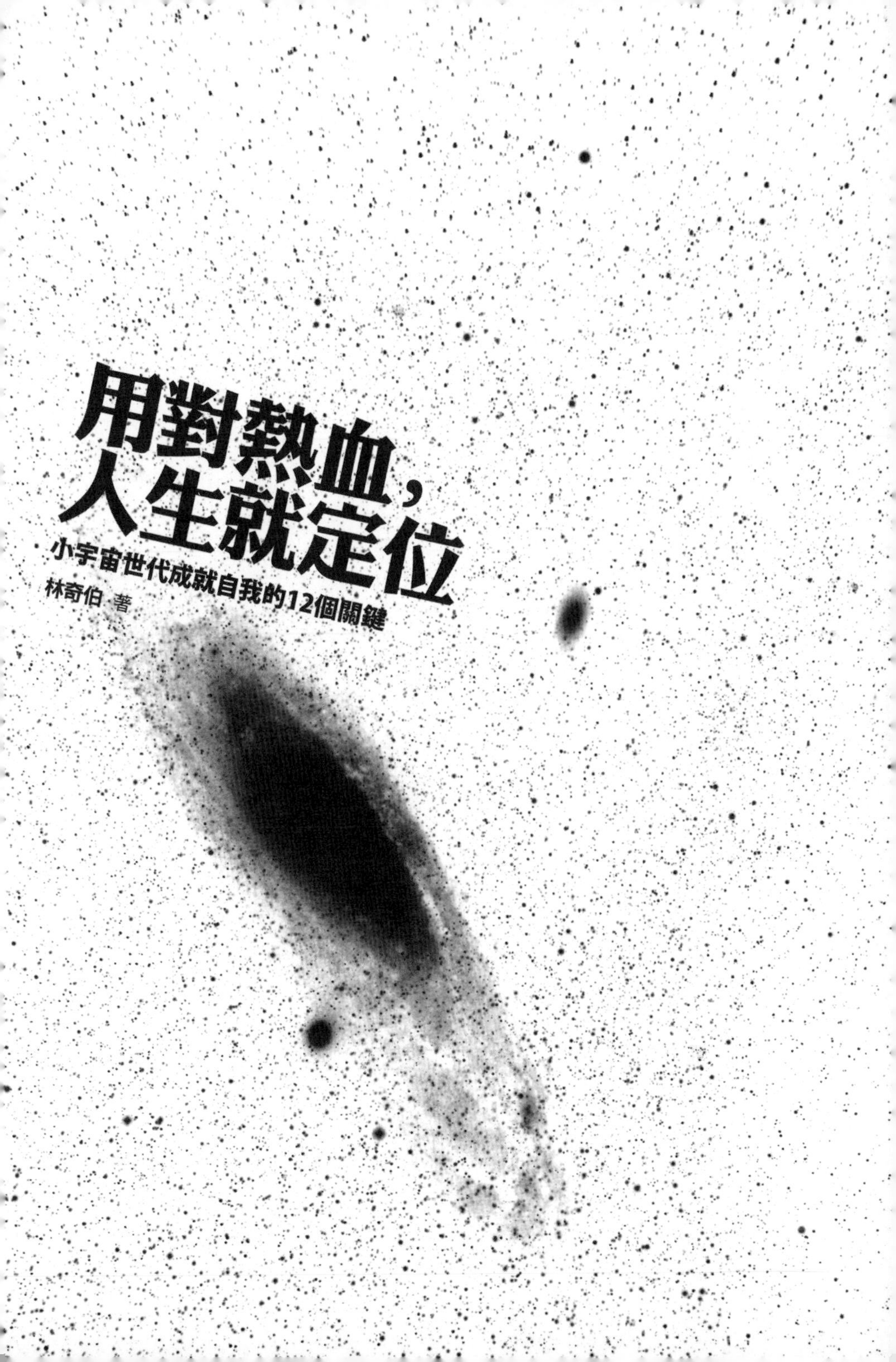

推薦序

為「小宇宙世代」發聲

遠見・天下文化事業群發行人　王力行

十五世紀時，德國人古騰堡發明活字印刷術，讓人們發覺了自己村子以外的世界；二十世紀，資訊革命，使數千種世界不同的文化得以交流，創造出共通的全球文化。

二十世紀，科學家們承認，大部分的自然科學都已被發現，如量子論、達爾文的進化論、愛因斯坦的相對論、DNA和生命的分子基礎。事實上，二十世紀最大的突破，是那些利用科學改變人類生活的產品，如電視機、電腦、手機、隱形眼鏡、拉鍊、避孕藥、石英錶……

跨入二十一世紀，人類又會有哪些改變？各式各類的推測蜂湧而至，紐約大學日裔教授加來道雄在一九九九年即指出：量子革命、分子生物革命和電腦革命，「不僅是這一世紀科技突破的關鍵，也是人類富裕繁華背後的推手。」

民間的「爆米花報告」更早在二十世紀末即預測，未來的世界和未來的產品是：

◎基因的突破，人壽命延長，老人社會比比皆是。

◎醫術的突破，心理醫師可以用雷射除掉人們可怕的記憶和心靈創傷；細菌隨時被殺死，人們不再擔心針頭、馬桶汙染。

◎汙染日益嚴重，過濾空氣和水的設備會成隨時用品；隱形的防汙頭盔上市。

◎晶片、網路增加人的知識和信心。只要買個小「知識晶片」，你就變聰明，會說各種語言，會打網球，會做各種判斷……。

更確切地說，跨入數位世紀後，人們就更方便自在，猶如《數位革命》作者尼葛洛龐帝描述的「人們打開了一扇窗，進入另一個數位世界」。人們因為帶著電腦（或廣義數位產品），走遍世界，可以工作，可以學習，可以娛樂，「掙脫了時間和空間的束縛，更能遨遊廣闊的世界，接觸更多的人群。」

現在看來，這些重視理性和科學的專家學者們似乎都樂觀了些，他們忽略了人、人性，以及和大自然彼此互動下感性的一面。

《預約五百年》一書中，作者直指人類歷史如大河直奔而下，越至盡頭，越成一股洪流狂潮，岸邊景色越捲越快，航程愈不確定，變化又衍生無窮的變化。

目前，我們就處在這種從秩序到脫序，從經驗到創新，從理性到混沌，加速時間的大河沖擊攪拌的世界。在這樣一個要用理性來解釋不合理的感覺和行為時，就造成現代人焦慮之所在。

《用對熱血，人生就定位》這本書，是作者一方面反映描述他這個世代的矛盾、徬徨、兩難，一方面也試圖找出面對困境的務實方法。

作者林奇伯是「嬰兒潮世代」的子女，受過完整而良好的教育，處於開放的社會，重視教養的家庭。加上他在新聞界工作近二十年，跑過即時的報紙新聞，做過深度報導的雜誌記者，採訪過兩岸三地，跑遍二十多個國家。他一方面在第一線接觸熱門人物、話題，另一方面又能觀察思考趨勢的形成和影響。

因此讀者可以在這本書中看到他豐富的素材、深刻的思考和解析，加上他的熱情分享。他在為他的世代發聲，他稱他的世代是「小宇宙世代」，在他的描述下，這個世代：

——工作興趣廣泛，充滿熱情，卻不知如何下手。

——夢想模糊，有敵不過現實的無力感。

——有「現在不做，以後就不會做」的迫切感，卻不知該做什麼。

——夢想過自由自在的生活，但不知道需要用什麼經濟基礎來支撐這種生活。

——時間不夠用，卻老掛在網上無法離開。

——在臉書、學校和職場上蒐集好多朋友，但不知如何有效運用這些人脈。

——老是覺得有個呼喚，要自己放下一切，出去「找自己」。

作為同一世代的讀者，你能從書中尋得共鳴，重建信心，激起熱情；作為這個世代的父母、長輩、主管或老闆，看了這本書，也許更能增加理解、善用他們的長處，協助他們完成夢想。

推薦序

憂傷的「新台灣奇蹟」

政治大學「創新管理」教授　李仁芳

經濟構造是很多社會、政治、文化現象的物質基礎。台灣的「小宇宙世代」現象不會是例外，也有其特定的經濟構造基礎。

筆者在大學內工作了三十五年，長年持續在課堂內外第一線接觸青年朋友，書中所稱「小宇宙世代」現象，近些年來的確日趨明顯。

基本上，這現象的基層構造，與台灣日益演化成對青年人日益貧瘠、日益不友善的經濟及產業環境有極大關連。

根據行政院主計處的統計，二〇一〇年台灣的大學畢業生，第一份工作的平均起薪約二萬六千元，研究所碩士畢業生不過三萬一千元。

也是行政院主計處發布的數字：自二〇〇一年至二〇一一年十一月止的十年間，台灣工業及服務業受雇員工的經常性薪資只成長二千二百多元，等同十年來沒有加薪。

台灣年輕人也長期處在非典型就業的狀態下（二〇一〇年約二五%）。主計處二〇一一年公布的台灣部分工時者每月平均薪資，僅一三、八七九元，比對十年前二〇〇一年的二四、〇八三元大幅下降，揮砍近半。

基礎的經濟構造如此，那我們對於近年來台灣生育率長期偏低的社會現象就能夠理解。二〇一〇年台灣婦女總生育率驟降至〇・八九五人，這是全世界最低的婦女總生育率。這是橫在這一代「小宇宙世代」眼前，憂傷的「新台灣奇蹟」。

「小宇宙世代」表面上成長於台灣有史以來最富裕、最沒有匱乏恐懼的家庭與社會，可是他們本身成年之後，卻得面對經濟活力與勞動所得相對貧瘠的環境。

至於進一步問，十年來勞動所得何以停滯？重要原因在於產業領袖們帶動的本土產業創新雖有小進，但與像韓國這樣的經濟對手相比，恐怕仍不夠積極。而近年來台灣產業領袖帶動創造的就業機會亦多不在本土，而在大陸。本土就業機會的弱化，是台灣「小宇宙世代」出現的重要經濟面原因。

不論其成因為何，可以判斷「小宇宙世代」將不會是一種短暫現象，我們的年輕朋友恐怕得有所警覺，及早布局自我提升之道，免得一直「有想法、沒方法」，而向下流動，被擠入「知識藍青」族。

這是本書苦口婆心的主旨所在。

我想「小宇宙世代」也有很多長處，例如橫向串連造漣漪，甚至造大波浪、推動新趨勢，新潮流的「水平橫向動員力」，即其「數位原住民」較擅勝場技法。如果能再輔以「垂直蓄積技藝深度」的師匠精神（craftsmanship），修練深刻技藝，勢將更有可為。

如書中以陳綺貞女士為例：她與滾石解約後自己獨立製片，除了她的氣概，我們還得注意她的歌喉、創作才藝；除了天分之外，她的磨練、操練與鍛煉的意志。深度技藝的修行與蓄積，特別值得「小宇宙世代」留意。

至於創業所需的週邊技藝，陳綺貞也是敬謹全力以赴，絲毫不敢以為「小技」、「鄙事」而輕忽之。她自言人生第一次自己去文具店買計算機，每天敲敲打打，計算錄音、封面設計、唱片壓製、鋪貨等成本，把獨立製片各項細節親自徹底了解和「操作」了一遍。

這其中，「操作」是關鍵字。不能只有概念（在Google環境下長大的數位原住民太見多識廣了，最豐富的就是概念），一定要有操作方法、操作技術。

過去已有學術研究提及台灣的「崩世代」，而就如前文所說，「小宇宙世代」不會是台灣的一種短期現象。年輕人不想成為溫水鍋中漸被煮熟的青蛙，可以從本書中得到許多啟發。

推薦序

生涯布局的新方向

東吳大學政治系教授　劉必榮

我很喜歡帶領學生一起觀察時代的脈動。可是了解一個時代真的很不容易，既要抓得住脈動，分得出現象，看得準趨勢，還要能在其中找出一條可以安身立命的道路。奇伯的這本書，大概在這幾個方面都做到了，這是相當不容易的。

了解一個「時代」，或一個「世代」，第一個是要看現象。周星馳的《功夫》席捲電影票房的時候，許多學者共同出了一本書，探討周星馳現象。這本書提醒了我，周星馳是一個時代的印記。而照這個標準，周杰倫也是一個現象，後來的九把刀也是，都代表了一個時代。這個時代的背景是什麼？有哪些元素，支撐出這樣的現象？和過去網路出現以前的世界，有多不一樣？

可是了解「不一樣」在哪裡，終究只是「點」的觀察，我們還得把它連成一條線，去看諸多現象串出來的「趨勢」：眼前的現象會持續多久？會往哪個方向前進？這個趨勢又對人際之間的互動造成什麼衝擊？「變」與「不變」的部分又各是哪些？

網路的出現，讓世界變得眼花撩亂。訊息再也不能由少數人壟斷，世界也因網路而變得更為扁平。雖然網路上的信息不必然為真，也不能都歸類為「知識」，但是信息的易於取得，讓人們變得更有自信，卻是不爭的事實。自信的升高，顛覆了各種權威，但排山倒海而來的信息，卻也讓人徬徨不知所措。

今年春節前，我經不起台灣新浪網的遊説，在新浪開了微博。新浪告訴我，這是時代的趨勢，一定要開的。剛好我也想觀察一下這個趨勢，所以就開了。開了以後，也有一些識與不識的朋友與路人加入變成粉絲。出於好奇，我也去那些粉絲的微博逛逛，看看他們都關注些什麼人。結果發現很多人都同時關注兩、三百人。試想，以三百人為例，如果每一個他關注的人，一天都發兩條微博，他光是看就要看六百條微博。他哪有這個精神？可能低頭滑機，滑著滑著就過去了。至於微博上寫了什麼，可能很少會黏在他腦子裡。所以「閱聽者的注意力」在這裡變成稀有資源，成為各路人馬爭取的對象。爭取到者，勝。

觀察網路現象的同時，我也對一些年輕人在網路上的行為感到不解。比如打卡。我真的不曉得，為什麼有人做任何事，會巴不得全天下都知道？為什麼吃頓飯，每一道菜都要拍照上傳？是喜歡炫耀還是喜歡暴露？有一個學生曾經告訴我，她跟媽媽的一段對話：「媽，我跟表妹不熟，可是我知道她剛剛看了電影出來。」這就是網路盛行後的典型語言，不了解這個時代，還真想不通這句話是怎麼來的。

中年人其實很想了解年輕人，因為這些人可能是他的子女，也可能是他的屬下。前兩年，台灣的《商業周刊》就和大陸雜誌合作，進行了一個地毯式的調查採訪，然後出了兩集的封面故事「八〇後！」（一一九七期）、「如何面對史上最難管的一群人！」（一一九八期）。雜誌出刊沒多久，我剛好到上海演講，就跟接待我的那個小女生（八四年生）開玩笑說：「我們台灣有一個雜誌，說你們是史上最難管的人。」沒想到那女生很不服氣，說：「老師，我們也很鬱悶耶！」我問為什麼，她說：「你沒發現，我的經理是幾年的？七八的！一九七八的剛當經理，擋在我前面，我根本搬不開他，可是回頭一看，九〇後的已經要畢業了，殺過來了，我們根本被夾在中間呀！所以我們看晉升沒機會，現在也都不加班了。」我不知道該怎麼接，原來每一代也都有每一代的苦悶。

而這個「代」也替換得太快了。我大二的學生跟我說：「老不知道那些小大一的在想什麼。」我說：「什麼小大一？你們才大二啊！」「老師，我們很老了耶。」他們說。後來我跟大一學生演講，他們也說：「我們跟高中生有代溝。」我到高中去演講，他們跟我說：「我們不了解現在的國中生。」天哪，三年就一代！

這就是時代的特色，眼花撩亂。可是活在這個時代的年輕人，也就是書中所說的小宇宙，他們了解自己嗎？奇伯用他多年擔任記者所培養出來的觀察力，為年輕人，也為想了解年輕人的中年人，梳理出這個新時代的特色。他把一個個小的現象，像拼圖一樣，幫我們拼出時代的輪廓，也為年輕人點出今後十年應該發展的能力，與生涯規劃的布局方向。

雖然奇伯是我的學生（最近東吳政研所畢業，而且當過記者的學生都紛紛出書，林奇伯寫的是社會觀察，另一位林志昊寫的是財經觀察，都很細膩、獨到），但我從他這本書中也學到很多，了解到我過去觀察年輕人世界，所沒有注意到的細微角落。我很高興為奇伯這本書作序，也很樂意把這本值得一讀的書，推薦給所有關心小宇宙世代的朋友。

作者序
讓熱情真正轉動

從事新聞工作近二十年，「世代」一直是我關注的議題。我採訪過許多人，也常在任職的媒體啟動各種大規模民意調查，近年來，無論是質化的採訪內容或量化的民調結果，都明顯指向一個趨勢：「世代」的定義正快速改寫，而我們正處在轉型的陣痛期，也常陷於「熱血分分鐘，定位磨蹭中」的矛盾困境。

許多年輕人擁有多元興趣，充滿熱情，但對於未來總是無法做出選擇，反覆在得失的迷惘中。家長們很急切地想幫忙，卻不得其門而入，或是愈插手，親子關係反而愈緊張。

企業家們努力為公司培養優秀人才，在管理時卻面臨一道跨越不了的世代鴻溝。反之，企業人才力爭上游，在忙碌的空檔偶然望向窗外，心頭泛起一股無法實現自我的失落感。

更讓許多人惶恐的是，外在局勢也變得愈來愈難掌握。近年來，國際金融秩序激烈擺盪、重組，失業潮席捲全球，台灣產業與人力結構也面臨轉型的關鍵，擁有大學學歷的台灣人口正式超過四百萬，占十五歲以上人口的四分之一，大批知識份子開始落入藍領階級。

釐清趨勢，是了解處境、翻轉迷惘的關鍵，所以本書特別深入探討這個主題：當內在價值轉折和外在環境變遷正對我們展開全面性的夾擊，我們面對全新的變局，該如何建立一套適合的生涯觀？

在許多專家眼中，這是個最壞的年代，但我卻看到了前所未有的契機。因為一個全新的「小宇宙世代」已經來臨，這個世代真是超矛盾，又超融合。矛盾的是，這個世代既安於小生活，又懷抱多元大夢想。融合的是，大家都熱愛相互分享，而分享讓成功不再是零和遊戲，因此通往成功的名額也沒有限制。

為了讓讀者快速正視新趨勢的到來，本書特別將章節分成「看清時代」和「找到位置」兩大部分，從多變局勢中對準座標，讓自己的人生迅速就定位。另外，我也特別整理出讓小宇宙世代迷惘的十二個關鍵問題，協助大家用對熱血，成就自我的夢想和渴望。

本書還深入分析了許多新世代的先行者成就自我生涯的方法，這些人都擁有相同的特色：懷抱多元夢想，把時代難題翻轉為自我實現的利基，不斷為自己找到更新、更有趣的人生目標。

許多人都曾在心中發出這樣的感慨：「有沒有一種方法可以自由自在過生活，人生又精采得就像擁有全天下？」

這個問題的答案是肯定的！在小宇宙的世代裡，只要用對熱血，人生就定位，有一個美好的未來就等待著我們去實現。接下來，就讓我們盡情地把自己的小宇宙旋轉開來！

C O N T E N T S

C O N T E N T S

C O N T E N T S

前言

又嗨又焦慮的時代

人生的成敗往往不在患沒有選擇，而是患不知如何選擇。人生的淘汰賽也不在熱血充滿與否，而在於找到施力的支點與否。

二〇一一年深秋夜晚，我和三位好友在台北東區喝咖啡，她們都是各行業的菁英，分別是知名藝術策展人、資深財經記者、企業人力資源部副總經理。

策展人興奮地告訴大家，她認識尼泊爾某大羊毛織品公司老闆，可以用市價的八分之一買到最時尚的Pashmina（喀什米爾羊毛）圍巾，該老闆已經航空快遞寄來兩百多張色票供做參考；她因此陷入瘋狂的選擇難題中，兩個星期以來，天天帶著色票簿走到哪、選到哪。

「燈光下看一看，再拿到日光下比對，想像每一種顏色披在身上的樣子，」策展人說，她完全無法做出決定，最後只好抱著「用不到還可以送人」的心態來合理化自己的貪心，勉強選出三十幾條。

好事不能獨享，策展人邀請聚會好友一起團購。回家後，我上網查一下什麼是「Pashmina圍巾」。網購指南上是這樣寫的：

「Pashmina是自然界中最柔軟溫暖的羊毛纖維，若混紡蠶絲，會散發出迷人光澤，輕盈、透氣又保暖！」

另一段更讚：「Pashmina滑細到可以穿過戒指，故有『穿戒圍巾』之稱，向來是時尚貴族的極品配件。好萊塢明星、法國總統薩科奇夫人都愛用，您怎能不擁有？本站提供多達二十種顏色，任您選擇！」

二十種顏色，品項確實很多，但是聚會結束後策展人寄給我們的數位掃瞄色票，種類可是購物網站的整整十倍！

隨即，我們其他三個人也被捲入瘋狂的顏色迷惘中。經過反覆痛苦的抉擇，再抉擇，收束，再收束，在最後截止日的深夜，不得不來一場網路三方通話，最終每個人都買了近十條不同顏色的圍巾，心裡卻仍有遺珠之憾。

「減法比加法還難！」財經記者嘆口氣說，她盯色票盯到都快變鬥雞眼了。

就這樣，我們一邊因為購物而狂嗨著，但又在這種狂嗨之中焦慮著。

為此，我特別又上網搜尋，發現冬天還沒到，在「PChome線上購物」鍵入「圍巾」當關鍵字，系統表示共有四、七八四種商品可以選擇。

「Yahoo! 奇摩拍賣」更驚人，系統直接跳出下面這個句子：「搜尋結果，共

一八、六四九項商品符合關鍵字」。

比起熱情的網購族，突然間，那兩百多張色票又不算什麼了。

選擇太多，難以取捨

時代整個翻轉了，時代正向我們遞出全新又美妙的禮物！

生活在二十一世紀選擇爆炸的今天，小到生活瑣事，大到人生方向，我們時時刻刻都因擁有多元選項而得到無上滿足。但是，**我們面對的也是數位化、全球化、少子化所交織出來的「患選擇多而非患沒有選擇」的新變局**。

選購圍巾只是一例，當我們手裡握著電視遙控器、心裡想著要為自己的智慧型手機下載什麼樣的App軟體、臉書上到底要邀請誰進入好友名單、週末假期如何安排休閒社交活動；眼前，就像攤開一本數十頁的餐廳菜單，目不暇給。

選擇多，也帶來搖擺不定，新舊價值觀的衝突浮現。老一輩常看不慣新世代沒定性、什麼事都想做，想插手幫忙又不得其門而入；年輕人則從內而外，都習慣透過不同的選擇讓自己活得更加精采、顯得與眾不同，而深陷興趣變來變去的迷惑裡。

矛盾也因此正式進入生涯議題中，**當外在環境給了我們豐富多元的機會，內在心**

理卻又悄悄地掀起大變革——我們常不只貪心地什麼都想要，而且還希望握有生涯自主權——如果人生能夠自由自在、隨性地過生活就更好了。

渴望自由自在，獨善其身

二〇〇三年，我任職於《光華》雜誌時曾主持過一個「新世代青年大夢調查」，結果頗令人玩味。當時我下了一個標題：「獨善其身的時代來了！」

有兩個數據很巧妙地呈現了「魔術比例」。在可複選的狀況下，台灣十九至三十歲的年輕人中，有四六．七%認為人生的夢想是「自由自在、隨意生活」，將近半數；而只有四．六%認為人生夢想是「成為有影

表一　《光華雜誌》青年大夢調查

19至30歲的年輕人中，有46.7%認為人生的夢想是「自由自在、隨意生活」

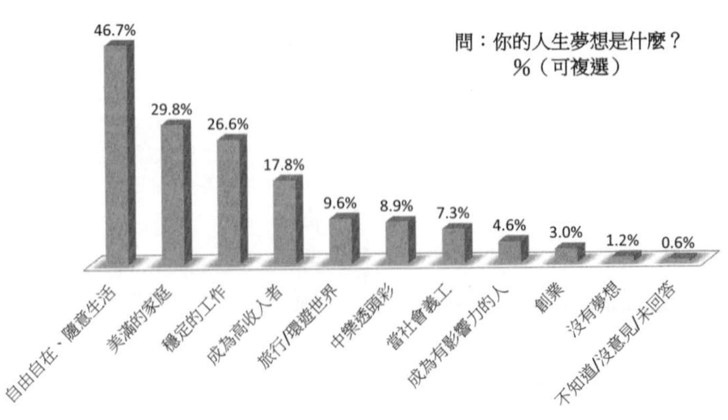

《光華雜誌》，2003年

響力的人」。（如表一）

兩者的數據剛剛好是十倍之差，某種程度上代表了台灣社會揮別經濟起飛階段後，過去因為恐懼貧窮而成為職涯選擇首要考量的「經濟安全感」，已不再那麼強勢主導我們的生涯規畫了。成家立業的年紀普遍延後，人生目標也內縮到在「小小世界」裡成就自己的自由與享受即可，至於「兼善天下」留給四．六％的人去傷腦筋就好。

二○○九年，我擔任《遠見》雜誌採訪主任時，又再啟動一次調查，進一步把樣本限縮到正在人力銀行上急著找工作的二十歲至三十五歲青年，並且改採單選題模式，讓受訪者在回答時更無法模稜兩可。調查的結果差距不大，認為人生的夢想是「自由自在、隨意生活」者高達四二．二％，「成為有影響力的人」是五．六％。（如表二）

表二　《遠見雜誌》青年夢想調查

20至35歲青年認為人生夢想是「自由自在、隨意生活」者高達42.2%，「成為有影響力的人」只有5.6%。

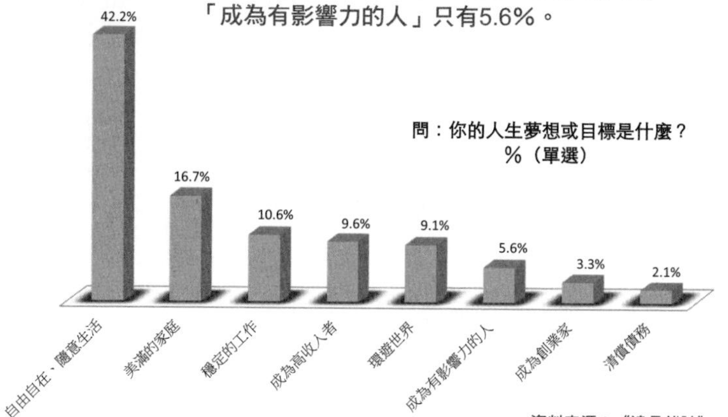

資料來源：《遠見雜誌》，2009年

這正好反映了年輕求職者的心理：「我不只想要找到好工作，還希望這個工作具備讓我自由自在、隨意生活的條件。」

只是，「小小世界」是否也代表只要用「小小力氣」就可以成就？

並不是！

在這個以「自由自在、隨意生活」為主流的時代，有幾個狀況正在困惑著我們：

◎興趣廣泛，而且每天都在變；對許多工作都有興趣，總是很熱血，卻又不知從何下手或下不了決定。

◎夢想總是很模糊且不具體，常有夢想敵不過現實的無力感。

◎總是有「現在不做，以後就不會做了」的迫切感，但是卻不知道該做什麼？

◎知道自己是有史以來見識最廣的世代，看過很多精采的人生樣貌，但也貪心地想在有限的青春裡擁有每一種精采人生。

◎夢想過著自由自在的「理想生活」，卻不知道「理想生活」的經濟基礎要用什麼方式來支撐。

◎在感情上不缺曖昧的對象，但老是覺得找不到真正符合自己理想的情人。

◎永遠覺得時間不夠用，但卻總是掛在網路上無法離開。

◎不管在臉書、學校或職場上，蒐集好友像蒐集郵票，近似強迫症，但又不知如何有效運用這些人脈。

◎總是感受到有一種來自遠方的呼喚，要自己放下一切，出去「找自己」。

生涯迷惘的年齡向上蔓延

有趣的是，儘管上述這幾個心理狀態在過去的刻板印象中，會被認定是「青年議題」，但是今天感受到這些議題壓力的年齡層正在往上蔓延，許多年過四十歲的人，同樣也如此迷惑著。

中年發現工作志趣不合而轉職或創業的人愈來愈多，因為「渴望自我實現」的心理在呼喚著；結了婚仍在網路上尋求情感慰藉的人愈來愈多，因為「刺激」正在引誘著；退休之後苦於體力趕不上多元興趣的人愈來愈多，因為「熱血」正在騷動著。

人類擺脫了年齡的限制，進入一個不再完全以年齡來做區隔的「世代」。

過去，我們提到「世代」，會用五年級、六年級、七年級，或是八〇後、九〇後來定義，但現在，以年齡和年代來定義「世代」的做法已經過時了。從此以後，將會是以「思維方式」來定義。

我稱呼這個全新世代為「小宇宙世代」。

世代年齡模糊化了，生涯迷惘向上蔓延；在迷惘和焦慮的同時，卻只顧著嗨，並且更重視享樂，因為這是矛盾的一體兩面。

大環境變遷，國際競爭壓力當前

然而，「小宇宙世代」成形後，外在職場環境卻反而很弔詭地走到高壓力年代，讓人愈來愈沒有自由自在的空間。

全球化與網路狂潮讓台灣人才進入國際競技場，在地保護政策鬆動，職場穩定感與安定度降低，壓力與難度大增。尤其是兩岸簽定ECFA後，政府開放承認大陸學歷，陸生來台也正式開跑，大陸專業人士可以合法登台搶飯碗，華人世界的人才交鋒走上檯面，企業人力布局和個人生涯規畫都不得不正視這個大變革。

根據二〇〇九年我在《遠見》雜誌所進行的「兩岸年輕人互看競爭力調查」結果顯示，有六五．三%的台灣年輕人把大陸年輕人視為未來最大的職場敵手；而且，有高達五二．六%的台灣年輕人對於這場國際競爭表示「沒有信心」。

國際競爭的布幕尚只拉開一半，緊接而來的還會有台灣與美國、新加坡、東協等國家的「自由貿易協定」談判。

面對前所未有的外部結構變數，有沒有可能滿足自由自在的渴望，又能在職場上順利成功？有沒有辦法既隨意生活，又實現多元夢想，開創一個多數人獨善其身，又撐起一個繁華活力的新時代？

有可能自由自在生活，同時成就夢想嗎？

選擇爆炸，渴望自由自在，只安於小小世界，夢想多元又模糊；置身於這個世代定義改變的關鍵時刻，一股既享受又焦慮的矛盾情緒卻在我們內心騷動不安，並且瀰漫為集體的社會氛圍，我們卻常不知如何面對。

以思維方式來界定，並且跨越年齡的全新「小宇宙世代」，不管在思考模式、做事方法、人際關係、生活風格、消費習慣、生涯規畫、時間利用，乃至於理解世界的方式，都已形成全新的價值觀。

◎在**思考方式**上，新世代開始邁向一腦多工、資訊拼貼化、道德與不道德的行為同步並行，每個人都全面性地以自我為中心。於是，腦袋變得像八爪魚一般，都企圖駕馭零碎，善於拼貼，將益於己用的全都收編。

◎在**人際關係**上，每個人都熱中於網路串連，社會參與的效能感提高，不由自主就在生活中「演」了起來。

◎在**消費習慣**上，每個人都在尋找「獨特的自己」，透過消費讓自己的生活與打扮變得很潮、很獨特，「理想生活」的情境也開始不只在想像之中。

◎在**生涯規畫**上，每個人心目中的生涯選項表單愈來愈長，順序愈來愈難決定，變動也愈來愈頻繁。

◎在**人生價值**上，小宇宙世代追求的人生不再只是傳統社會價值所認可的金錢和社會地位上的「成功」，還希望在成功中「找到自己」。而且，不管是工作、生活、志向、家庭觀，都要能找到「玩樂」的特質，人生才顯得對得起自己。

◎在**時間利用**上，對時間的控制欲望變強，每個人都企圖隨時保持在最佳狀態，承擔不起失眠所造成的時間風險，對精神狀況的控制欲也更強。進一步，生涯時間感也改變了，人們常常不想長大，也總是有「現在不做，以後就不會做了」的焦慮。

◎在**生命困境**上，大批知識藍領階級出現，整個經濟體系已構築出一個隱形而強大的「溫柔拉大」力道，滿足你「找到自己」的欲望，但是也讓你長期處在財務捉襟見肘的窘態中，始終覺得錢不夠用。小宇宙世代常在沒有反抗、沒有憤怒、出於自願的情況下，被新經濟結構溫柔地拉大了社經地位的差距。

成就自我的全新思維模式：小宇宙世代

這些全新議題看似千頭萬緒，「小宇宙世代」也將牽動社會整體走勢，左右國家未來。要如何面對全新議題？本書要來揭開這些困惑背後的本質，明確指出破解的關鍵：一套全新的思考模式和人生哲學正被悄悄地發展出來，而意識到、掌握到要訣的人沒幾個。

一群世代的先行者出現了，對他們來說，人生得勝的關鍵已不再是過去的「突圍」概念，而是「旋轉」！生涯也不再是過去的「階梯」形式，而是「旋轉」！對他們來說，夢想也不是零和的遊戲，要了這個就必須捨棄那個。而捨棄的，也不必到頭來變成生命裡的悔恨。

本書將說明，一種「三A旋轉法則」能幫助新世代釐清真正的人生夢想到底是什麼；不管你懷抱再多的夢想都沒關係，而且抓住愈多反而愈好，因為「三A旋轉法則」能讓你知道哪些夢想只是基於一時的好奇，丟掉才更省得麻煩。

本書更明確指出，一張全新的經濟體地圖隱然成形。在第八章，將針對小宇宙世代的內外在變遷所帶來的影響，明確指出七大未來優勢。俯視這張地圖，可以看出未來十年的全新工作型態樣貌與企業商機所在。

時代的洪流誰擋得住呢？而且，何需阻擋？困惑即轉機，愈困惑的年代，可以成就的成功就愈大。掌握住世代祕訣，融入其中，並看到其中的陷阱，避開它，騎到浪頭上。機會不再只是創造出來的，還必須是選擇出來的。選擇愈多，選項愈零碎愈好，因為現在比的就是誰進化得最快、最獨特、最有效率。

「小宇宙」可能就是你和我，如何旋轉？怎樣選擇？讓我們展開小宇宙世代的自我揭露之旅，並看到一整個世代的成功關鍵。

第一步

看清時代

01 數位史前怪獸遇上空洞世代

世界變得零碎化、圖像化，
新的學習和工作模式崛起，
一腦多工、拼貼、同步、平行的做法引發爭議，
卻也勢不可擋。
世人是否已準備好，駕馭這排山倒海而來的改變？

知識介面改變，從紙本閱讀快速轉換到數位閱讀與網路互動，人類思維方式也因此改變。不使用電腦數位新介面的人心亂如麻，熱心新媒體的人則珍惜得來不易的解放，雙方碰撞出史上最激烈的「世代辯論」。

這兩年，網路族嗆上傳統知識權威的事件特別白熱化。權威們常從根本否定新世代的知識拼貼習慣與「道德與不道德同步」現象。這種否定看在新世代眼中，就猶如生活在不同世界的「數位史前怪獸」在挑釁咆哮。

「數位史前怪獸」的咆哮

二〇一一年初，前暨南大學校長李家同和網路文學作家九把刀的論戰便是一例。

事件起因是李家同教授鼓吹閱讀的好處，認為「網路文章太簡單，若閱讀簡單的文章，下一代會比較笨、沒有邏輯」。九把刀隨即反擊：「『使用者介面』原本就是世代更替的殘忍真相，李家同教授也許非常清楚臉書的定義是什麼，但也可能永遠都無法『感受』到臉書是什麼。」

通常這種爭執到最後都會歸咎給新聞記者，認定是媒體斷章取義，故意製造紛爭。然而，細究這個事件，會發現正好反映出兩個主要的世代矛盾。

第一，事件發生後，網路上隨即掀起一波波對李家同的「嗆批」「去神化」熱潮。許多嗆批的人不一定了解事件的來龍去脈，但由於九把刀是屬於「我族」，單單他敢出來和大學校長李家同對嗆，就值得喝采、按個讚。

第二，當「代溝」不再完全基於年齡差距，而是以「思考模式」來區隔，就演變成「新生代」並不一定全都是年輕人，連數位進化完全的「老人家」也都被李家同教訓了。許多四十歲以上的知識份子夾在論戰當中，認為李家同和九把刀兩個人都對，但又好像都不對，不知該認同誰才好。

到底「數位史前怪獸」為何如此憂心忡忡？九把刀說出一個重點：「使用者介面轉移是世代更替的殘忍真相。」

這是一場「質」與「量」的論戰、「垂直」與「平面」的論戰，也是知識應該為「垂直教育」或「橫向分享」的論戰。現在的人學習時，面對的不再是一座龐大的圖書館，而是無垠的資訊宇宙。「數位史前怪獸」認為，客觀的環境確實是變了，但人類深度學習的方式卻是不應該改變的；洶湧的資訊流讓人疲於平面式的連結和分享，而難以兼顧深度的思考。

為什麼新世代的反應會如此激烈？他們覺得「數位史前怪獸」不能完全理解或察覺到「小宇宙思考模式」已經成形，並逐漸蔚為主流；數位變革所帶來的速度感、零碎化和拼貼性，都讓這些成長於鉛字版印刷時代的傳統權威，在適應新媒介時感到不舒適。

值得注意的是，「數位史前怪獸」心臟可能必須要再強一點了，因為**新世代思考模式的轉變還不只侷限在知識橫向分享上面，人類的學習和工作方式在數位狂潮中也悄然轉型了，並成為勢不可擋的趨勢**。

相信許多人都有這樣的感覺，在重度數位化的環境中，我們腦中看世界的視野就如同電腦螢幕上的視窗桌面，當滑鼠滑過桌面底下一連串的視窗軸線，我們就彷彿擁有昆蟲的複眼，能綜覽全局，觀察入微，毫無遺漏。思緒伸往哪裡，點石成金的手指就伸到哪裡。

人腦的運作也像開啟多個視窗，蒐集和拼貼自己喜歡的素材，然後再以自娛娛人的方式行銷、表達自己。在這種情況下，道德與不道德是可能同時存在、並行的，每個人都能以自我為中心，隨時隨地進入「平行世界」。

所以，我們常常可以（也必須）一腦多工、一心多用：可以輕易將零碎的資訊收編起來，完成一份獨一無二的報告或企畫書；在電腦上開啟多個視窗，認真工作的同時又留意著網友的動態，用幽默機鋒的語言和他們聊天；把所有道德和不道德的事情混在一起做，卻沒有錯亂或衝突感。如此建立起來的秩序，可以和諧地運行。

於是，我們的思維出現了四種全新變化：一心多用，視窗化的思考；拼貼挪用，兼顧娛樂與行銷；道德與不道德的同步化；隨時連線，進入「平行世界」。

一腦多工，視窗化的思考

我有一位多年好友，她的女兒C現在就讀高二，從國中時期就和我結為網路忘年之交，舉凡功課、感情、生理期等大小事，我們無所不聊，甚至連週末出門約會前，兩人都要討論一下穿什麼衣服。

有一回，我們在網路上聊興超好，話題是如果王力宏和宥勝同時追求她，到底要選誰呢？然後，到了該上床睡覺的時間，我問她一句：「怎麼這麼晚了還不去睡？明天一早不是還要上學嗎？」

C不假思索地回答我：「明天要段考，我正在唸書。」

天啊！隔天要段考還在網路上聊天，我不是帶壞小孩嗎？所以緊急再問：「那妳還可以跟我聊天？」

她又不假思索地回答：「我一邊聊一邊唸！」

後來，我深入了解後發現，C不只掛在MSN上，同時也連上臉書，一邊聽著耳機，一邊和門外的老媽鬥嘴。這樣準備期中考，難道不會分心嗎？

「MSN可以顯示為忙碌或離線啊！只在看到有趣的話題、想中場休息，或喜歡的人上線時，我才進入對話視窗，」C向我解釋，同時分心做這麼多事，她還是把功課都唸進去了，成績名列前茅。

金庸小說裡，小龍女練雙手互搏的功夫，左右手可以分別使出不同招式，打鬥時等於是兩人聯手，以二敵一。但要練這門武功必須心無雜念，凡是太聰明的人，因為心思繁複，一件事沒想完，第二件事又湧上心頭，往往無法練成。許多人會認為，現代人的日常生活存在著太多龐雜瑣碎的人事物了，雜念太多，根本無法專注地一心二用。但是，「小宇宙世代」就有這樣的能力！而且還做到一腦多工！

C並非單一個案，一腦多工的學習方式已普遍存在於大學校園裡。

每回我前往大學演講，都會順便做現場調查，每場平均有九成以上的聽講學生會舉手同意他們是採取一心多用的讀書模式唸書。我也曾請多位大學教授在課堂上幫我做同樣的調查，教授們回饋給我的比率更高，幾乎每個班級百分之百的學生都是如此唸書的。

輔仁大學社會學系助理教授吳宗昇說：「沒有人會乖乖只做一件事。唸書時不只開著電腦，而且還是同時開啟好幾個視窗。這有點類似以往K書會結伴到圖書館一樣，只是現在變成網路的『虛擬圖書館』，透過雲端連結，大家有相互陪伴的感覺，遇到問題時也可以多方連線進行討論。」

「虛擬圖書館」還有個好處——更有主動權，只參與自己有興趣的討論，並學會判斷事情的先後緩急、判斷哪些對目前的自己最有利。事實上，在吳宗昇的班上，多數成績好、很頂尖的學生都是這麼唸書，而且這些人往往都是網路上的活躍份子。

數據也證實了一心多用已正式進入我們生活的每個瞬間。美國市調公司尼爾森（The Nielsen Company）在二〇一一年十月公布的調查結果顯示，美國智慧型手機和平板電腦的用戶，分別有四〇％和四二％會邊看電視邊使用這些裝置。而且，只有一二％與一三％的平板電腦與手機用戶從來不曾邊看電視邊盯著小螢幕。

另外，根據我任職《遠見》雜誌時所做的「全民閱讀大調查」結果也顯示，比起二〇〇七年，台灣民眾在二〇一〇年時的看電視、上網和閱讀時間都明顯提高，三者的時間利用呈現相互交疊的趨勢。也就是，大家會同時做著上述的其中兩件事或三件事。

在職場上，更是很少有上班族能「倖免」於一心多用的挑戰。

以報社記者為例，記者大多習慣、也必須開著多個視窗工作：一邊MSN聊天，一邊在臉書上搞串連，同時還開著電視機留意新聞台SNG現場連線，遇到不熟悉的突發新聞，得快速Google一下事件背景。隔天新聞見報，不只報導內容詳細，還附上記者邏輯綿密、觀點獨特的分析稿。

綜合以上，從一心多用、一腦多工的學習與工作模式，可以建立出「小宇宙世代」的思考模型，我稱之為「思考視窗化」。既然人腦可以在電腦上以多視窗思考運作，平常做事當然也可以如此。（如圖一）

於是，小宇宙世代已經完全顛覆了過去「一心一用」的主流模式，讓整個世界進入了「一心多用」的新紀元。

圖一　一腦多工示意圖

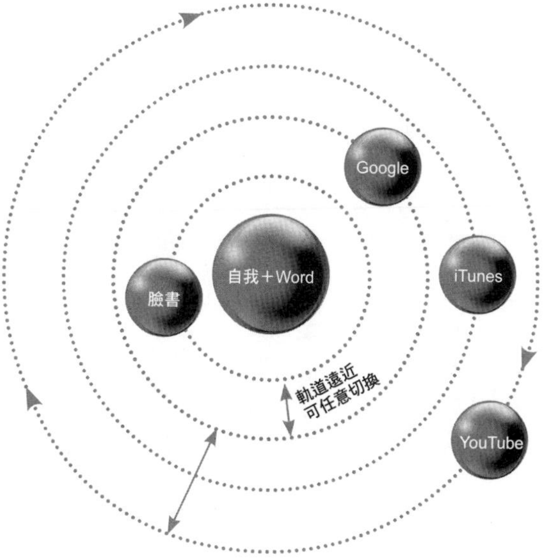

正中心是代表「自我」的主視窗，小宇宙世代唸書或工作時會同時開啟七、八個視窗，就如同有七、八個「行星」在繞著自我運轉，而網路工具常是讓小宇宙世代維持運行的「引力」。

「自我」會主導所有視窗的運行軌道。例如，小宇宙世代在寫稿，他會開著Word、臉書、Google、MSN、YouTube或iTunes等多元視窗，這形成由「自我」和「Word軟體」結合成的「主視窗中心點」，而為了查資料、聊天、討論問題、聽音樂等需求，讓多個「副視窗」繞著中心旋轉，且視需要和興致，隨時切換各視窗的遠近軌道。

拼貼挪用，兼顧娛樂和行銷

常有大學教授向我感嘆時代已經不同了，現在的大學生都是以拼貼的方式在寫論文和報告，而且這種看似應該被指責的事，卻很難被指責，因為學生們寫出來的報告時常很精采，不只資料多元，還消化出一套自己的獨特觀點。

舉一份「台灣非典型就業勞工」的論文為例，一位學生的論文寫作過程是這樣的：

第一步，他用網路搜尋引擎把各種「非典型就業」的關鍵字都搜尋一遍，而且不管是否完全與自己的主題吻合，都先複製到Word檔中變成剪報檔。之後，再迅速從這些剪報中挑選出「好像有點意思」的關鍵句子與段落，當作是報告的基底。

第二步，他在網路論壇上張貼「發問文」，像是啟動一個不拘參與人員、不受時空限制的「虛擬動腦會議」，滾動出非常多元的觀點，而滾動出來的成果取決於小宇宙的發問能力與人脈動員力。

第三步，他找來勞工研究所學生當「顧問」，爬梳出清晰的思考脈絡，確立大綱。然後，透過網路人脈再找幾位在便利商店打工的朋友進行個案田野調查，當作大綱「骨幹」下的「血肉」，提高可信度。

第四步，在反覆進行「搜尋」和「收編」的動作後，小宇宙坐到電腦前開始寫作，以更嚴謹和專注的方式，將資料安放到適當位置，自成邏輯。最後報告出爐，拿到高分。

最有趣的是，為了讓寫作過程兼具娛樂性，或不受週遭環境的干擾，他會戴上耳機一邊聽音樂一邊寫。耳機裡偶爾閃進歌手所唱歌詞的吉光片羽，讓他像撈到閃耀著光彩的碎片一樣，組裝成讓老師讚嘆的精采句子。

他動用了自己可以碰觸到的各種資源，迅速將零碎的事件收編，組合成屬於自己的論點。雖然處處可見他人的影子，但若拼貼得好，反而顯得很創新、獨特。

過去的學生，是從圖書館中有限的紙本書籍和期刊中找資料，並透過有限人脈進行田野調查，寫出來的每一份論文都顯得相當雷同。相較之下，「小宇宙學生」的報告則精采太多了，如果再花功夫製作出圖表，詳細標明引述資料的出處，就很容易脫穎而出，拿到老師的高分鼓勵。而高分也更強化了學生圖像式、零碎化思考的意願。

在企業中，這招也很管用。拼貼和收編，使得「小宇宙上班族」理解世界、表達自我的方式更具娛樂性。

在我過去任職的公司中，曾發生過一件趣事，而這也普遍存在於其他企業中。公司每個月都要召開提案會議，與會者必須輪流上台報告。某天輪到某位同事上台時，他播放的PowerPoint檔案驚豔全場。內容雖然是大量剪貼自同業報導過的「舊聞」（這在講究即時、快速的新聞界是大忌），但他大量使用淡出、格放等圖像效果，再搭配時尚伸展台常見的輕快音樂，剪輯緊湊，圖文並茂，與會者都被娛樂了。

會後，老闆發出一封群組信，宣布頒發一筆不斐的獎金給這位同事，並要求每個人以後都比照辦理，採用拼貼的娛樂化格式，把她當作客戶來取悅，「行銷」自己的提案。

獲頒獎金的同事後來老實向大家承認，自己的報告內容是臨時拼湊出來的。開會前一天他只胡亂想了一個題目，並且直接套用某客戶給他的PowerPoint檔案格式與配樂，前後只花了三十分鐘即完成這份簡報。因此，他決定把獎金拿出來請大家吃午餐，「堵一下悠悠眾口」。

在我看來，這位同事的報告內容雖不夠創新，但拼貼技巧卻是一流，職場競爭力的加分效果也很明顯。

在全民皆業務、全民懂行銷的時代，看簡報的人就是你的客戶，你必須具備行銷能力。而只要零碎、拼貼、娛樂化的技巧夠純熟，即使內容是「資源回收」，也能創造極佳的感動行銷；因為顧客多少都看過這些零碎的資訊，容易產生共鳴，當共鳴愈大，表示拼貼愈有魅力，取悅力愈強。

提出「感動行銷」（Experiential Marketing）概念的美國哥倫比亞大學商學院教授博

恩．史密特（Bernd H. Schmitt）就說過，要激發創意，建立差異化競爭力，最好的方法就是借用其他產業的好點子。

道德與不道德的同步化

小宇宙世代的思考模式不只一心多用，還可以多重到連道德性都層疊在一起，「單一道德」的束縛也已經不見、被打破了，道德與不道德可以並存，且沒有任何掙扎和衝突感。

我最常舉「一邊寫論文、一邊看色情網頁的大學教授」的例子，來說明小宇宙世代的「道德與不道德同步化」現象。

一位大學教授在研究室裡會是這樣工作的。

他坐在電腦前面，寫著一篇「伊斯蘭世界的女性壓抑」論文，同時也開了好幾個視窗，做著互不相關的事情。

在搜尋引擎頁面上，突然連結到下一季的米蘭時尚秀報導，他被吸引，關注起時尚動態來了。

在臉書上，有即時訊息通知他加入反對石化產業徵收土地的串連。教授迅速發個反駁環保團體的短文，因為他極希望自己家的土地被徵收，以便拿這筆錢在台北還清房屋貸款。

在MSN上，他正和兄弟姊妹討論父親的健康問題，憂心忡忡；在另一個視窗卻和新認識的對象調情著。

教育部規定大學教授每年必須要有一定的論文產量，這讓他壓力很大。於是，他開了一個色情網頁視窗，讓自己可以隨時切換過來瀏覽養眼圖片，藉以轉移注意力、紓壓一下。而且，他喜歡SM的性情趣，以虐待為快感，這和他在論文中所宣揚的性別權力平等價值之間衝突是那麼大。

於是，論文就這樣寫好了。所有的道德與不道德全混在一起同時進行，還沒有錯亂、沒有衝突。

過去，教授並不會在圖書館、學術研討會上，一邊寫稿一邊看《花花公子》雜誌，色情圖片只能被藏在床底下。但是，現在教授在義正辭嚴的寫作過程中，正隨時切換不同道德性的視窗，他是那麼表裡不一！

教授的論文是他思考運作的中心點，所有「道德」與「不道德」的視窗則如同眾多行星，被安放在固定軌道上繞著中心點運轉，沒有錯亂，呈現一幅宛如宇宙秩序美感與和諧的畫面。

這套模式也常出現在一般人的生活中，例如，許多人會在工作的同時，也開啟多重視窗，一邊在網路上發文批評狗仔隊跟拍偶像明星的行徑實在太誇張，明顯侵犯了個人隱私權和肖像權，一邊又毫無錯亂地和網友興奮討論該明星的走光照有多麼性感，另一個視窗則正在非法下載同一位明星的音樂和電影，並不覺得自己也侵犯了智慧財產權。

不過，有時在這種多重道德視窗交錯下，也會因稍有不慎而產生行星溢軌而相互碰撞的狀況。

不久前有個新聞，一位男同志學生正開啟多個MSN視窗和多人聊天，結果，他不小心把要傳給曖昧對象的裸男色情圖片傳給了正在討論功課的女同學，並附上一句：「我超哈這一型。」

女同學當場傻眼，發現原來男同學竟同時做著差異如此大的事情！最後，這位男同志就只好順勢出櫃了。

隨時連線，進入「平行世界」

數位化工具讓我們悠遊、切換在真實與虛擬兩個世界之間，每個網路使用者都在這兩個平行世界中伸出多元觸角、擁有多元身分。

平行世界凸顯兩個重要的變革——小宇宙世代更全面性地以自我為中心，並且隨時隨地可以進入一個全然不同的世界。這個世界不完全是「虛擬」的，有許多真實的人脈在裡頭交錯。

智慧型手機的風行推升了這種情勢。根據美國科技資訊研究機構Gartner公布的二〇一一年第四季全球手機市場報告顯示，該季全球智慧型手機銷量有一·四九億支，和前一年同期相較，成長幅度為四七·三%，將近一半。二〇一一年全年銷售量則達到四·七二億支，占整體行動裝置（包括筆電、平板電腦等）銷售量的三一%。市場普遍估計，智慧型手機的全球手機市占率已超過五成，而且只會更加速往上攀升。

在科技之島台灣，智慧型手機更受歡迎。根據國際數據資訊公司（IDC）的統計，二〇一一年第四季台灣的智慧型手機銷售市占率已超過六成，亦即，現在市場每賣出十支手機，就有六支是智慧型手機。另外，平板電腦也在快速增加中，根據遠傳電信在二〇一一年九月公布的數字，截至二〇一一年七月為止，銷售量已經突破二一·七萬台。

智慧型手機普及化，讓行動上網更加無處不在，強大的行動性、即時性、多元性功能，剛好符合小宇宙的思維運作型態。藉此，小宇宙自我中心點的強大「引力」，走到哪裡都可以伸出像八爪魚般的觸角，形成一個多功能、隨時可切換、一切繞著自我旋轉的星體規模。

行動電信傳輸更因此爆量，逼得電信公司不得不砸錢擴增基地台。根據中華電信統計，二〇〇八年至二〇一一年的三年間，行動電信傳輸量快速成長了二十二倍之多！

中華電信技術長石木標本身也是智慧型手機的熱愛者，他觀察到：「現在捷運上講電話的人變少了，大部分都是在低頭使用行動上網功能，智慧型手機簡直經紀了你的生活大小事，不只是一整座可攜帶式的雲端圖書館，還是與全世界連結的萬用指揮器！」

每一個從智慧型手機連結出去的小宇宙都可以靠著「平行世界」原理而做到：

◎隨時和自己的人脈連結、溝通。

◎衛星導航。利用Google Map瞬間定位到以自己為中心的所在位置和想去的地方，建議最簡便的行進路線。

◎找到當下週邊和自己對味的素材。想吃美食？利用衛星定位美食搜尋軟體Dove，馬上可以找到附近最適合的餐廳，還附上簡介與地址電話，可先確認是否客滿，以免白跑一趟。

◎有自己的視角和觀點。例如，照相功能讓小宇宙隨時拍下發現的好東西或符合當下心情的景色，即時上傳網路分享。

◎隨時封閉自己。例如，戴上耳機聽音樂就把外界的聲音隔絕起來，即使在擁擠的捷運車廂中都可以獨自陶醉。

◎自得其樂。原先必須要坐在電腦前才可以進行多視窗工作模式，現在隨時隨地都可以運作，讓小宇宙「自得其樂」的特色更突顯出來，隨時把週遭拋棄，進入自我的娛樂感中，神遊太虛，暫時遁逃。身邊的人近在盈尺，也相隔天涯；臉書上的朋友相隔天涯，卻又那麼緊密。

綜合這種種進化現象，小宇宙的思維呈現如下的特色：

◎人腦像電腦的視窗作業系統，擁有多視窗功能。

◎視窗可任意切換。

◎有興趣、有需求的時候才主動進入某個視窗中。

◎可以同時做著差別很大的事。

◎圖像化、零碎化，隨時可合拍、拼貼出獨特的觀點。

◎道德與不道德的混合同步。

◎連結到全世界。

主宰小宇宙思考模型獨特與否的關鍵，就在如何發揮這些特色，做到嫻熟和順暢。

進化，還是退化？人腦可以被訓練

許多科學家都在研究數位影像媒體對人腦的影響，他們很極端地分成兩派，一派是憂心忡忡。

英國牛津大學藥理學教授葛林斐德（Baroness Greenfield）指出，臉書和推特創造出一個「空洞世代」（Vain Generation）。他認為，網路交友和線上遊戲確實會改變人腦慣性，只是他認為這樣的改變是負面的，空洞世代有自戀、注意力降低，需求必須被立即滿足等傾向，更嚴重時還會導致非語言溝通技巧不佳等問題。

台灣流傳最廣的則是陽明大學神經科學研究所教授洪蘭的「假性過動」說法，被許多新手媽媽奉為育兒聖經。

洪蘭教授在一篇題為〈閱讀，寶寶不怕假性過動〉的文章中指出，愈來愈多老師反應，過去在一個班級中頂多只有一或兩個「注意力缺失」的孩子，現在最多可以達到四個。這些疑似「過動兒」的學生可能是「假性」的注意力缺失和過動，而這和兒童愛看電視有關。

她的推論是，觀看連續兩分鐘超過十次的拉近鏡頭、剪接或轉換鏡頭，會使大腦工作過量而疲累。「隨著影片快速跳換的速度吸收資訊，若是一停下來思考，後面的訊息就忽略掉了，不像閱讀是隨著自己理解的速度進行，隨時可以停頓思考，並『倒帶』回溯到前面不懂的地方。」所以兒童應該多看書，少看電視。

但是，對數位革命持正面態度的另一派學者也不少，呈現樂觀結論的相關研究數目也愈來愈多。

二〇一二年，英國倫敦藝術大學教授安．班福德（Anne Bamford）發布一份《3D教育白皮書》研究結果顯示，學校若在教學中使用讓學生參與度較高的3D互動影像技術，不只能提高學生專注力，也啟發科學研究的興趣，實際測驗成績平均更因此提高了一七％，在回答開放型試題時，思考角度也更全面。

二〇〇八年，美國全錄公司的前首席科學家約翰．布朗（John Seely Brown）發表〈線上遊戲玩出頂尖員工〉一文，被《哈佛商業評論》選為年度二十大創見之一。他認為，線上遊戲優良玩家擁有五種優異特質：強調績效、了解多元力量大、因改變而壯大、樂在學習、努力找優勢。線上遊戲看似虛擬的連結，已產生巨大規模的知識經濟，而這些玩家也是職場當紅人才。

至於人腦是否能「多工」使用、「多工」是否會造成學習與工作障礙，更是美國心理學、醫學、傳播學等領域正熱門研究的主題，雖然每項研究專案都受限於樣本數目和研究方法而呈現出正反兩極全然不同的結論，但人腦可以訓練、多工成為常態，則是學界普遍認同的事實。

其實，我們日常生活中早就都見識過一腦多工的絕技——媽媽燒菜。我們的媽媽結合行動與思考，可以一邊燒菜，一邊罵小孩、洗衣服、講電話。這可不是媽媽脾氣壞，而是我們小時候太愛吵鬧，激發了媽媽的潛能。

近年來強調刺激創意能力的「右腦開發」課程已躍居顯學，許多父母在擔心孩子會思考過度跳躍的同時，又希望孩子能對影像介面和一心多用等思維模式更加熟練，在同儕中勝出，於是紛紛砸錢送小孩去上課。許多父母也喜歡將智慧型手機當成外出時安撫幼兒吵鬧的有效工具，而爸媽們也都發現，大人需要學很久的複雜手機界面，小孩兩、三下就上手了。

身處多元空間交錯、訊息零碎爆炸的數位時代，小宇宙思維運作已普遍進化到十分複雜，而且這種進化不只正在發生，也是未來必定會走的方向。套用張愛玲在小說《半生緣》裡寫的一句話：「我們都回不去了。」

拼貼，還是抄襲？創意的認定爭議不斷

談到拼貼，許多人會有疑慮。對創作者來說，「抄襲」是罪不可赦的羞恥行為，但「拼貼」呢？

現在「拼貼」可是創作的主流。許多人心目中的kuso偶像周星馳就是拼貼高手。《食神》《少林足球》《功夫》等電影，混合了武俠小說和漫畫人物造型、劇情橋段，再配上經典對白，「地球很危險，快回火星去吧！」不只讓人朗朗上口，許多超級影迷還會研究典故出處。

這和我的老同事套用別人的PowerPoint檔案格式進行報告，並獲得獎金鼓勵的例子很像。把既有模式套用得巧妙而能夠創造出獨特風格也不叫抄襲，在當代藝術理論中，這稱為「挪用」，最能引起觀眾共鳴。

在數位時代，不管溝通、資訊、人脈、道德、時間利用等等，都因過度零碎化而使得拼貼和抄襲的差別往往只有一線之隔；差一點點，結果就完全不同。而那區隔就在收編資料的過程中，拼貼者能否完全吸收為己用。

在此提醒大家，千萬別心存僥倖，抄襲者永遠會被抓出來，但好的拼貼者則會備受讚嘆。現在連碩博士論文都有「抓抄襲」的專業軟體，不只可以看出論文寫作者和圖書館中龐大論文資料庫的字數重疊率，還可以看出語意相關度。連大學生的報告，教授都會上網去隨機檢驗關鍵句，看是否抄襲。

成功的人，都是源於其善用時代特質。打個比方，小宇宙隨時都必須像個導演，正在拍一部周星馳的電影，而這部電影挪用、拼貼了許多現成的零碎知識，還能呈現獨特的創意，具有魅力。

如何做到？關鍵就在於把「小宇宙五項運行本能」運用到嫻熟和順暢。

首先，我們必須了解：

小宇宙世代的思考模型就宛若太陽系，「自我」是正中央的太陽，向四面八方放射光芒，並利用八爪魚般的龐大能力、魅力和感染力，將週遭的一切人、事、物收編為自己的行星和衛星，繞行轉動。

而小宇宙運行的五項本能包括：放射、合拍、拼貼、收編、旋轉。從自我太陽出發，選擇性地混合外在的資訊體系，把零碎化和圖像化的知識收編成為自己的。其中，尤以「合拍」和「拼貼」最為重要，這是讓每一個小宇宙顯得獨特的關鍵。

◎放射：以自我為中心點，主動向外伸出觸角，廣泛摘取想要的資訊。

◎合拍：在龐大的資訊中篩選出符合自己口味和需求、動機和興致的部分。

◎拼貼：把來自各方的合拍資訊，運用在自己身上，成為自己的一部分。「拼貼」能力的高低，決定了能否成功或受歡迎。

◎收編：放射、合拍、拼貼並不是每回都能一次到位。如果不適合自己，很快就會被捨棄。反覆進行放射、合拍、拼貼三個步驟，適度修正，確認之後再收編。

◎旋轉：「自我」為中心的太陽，向外伸出多元觸角，摘取到足夠的零碎知識和人脈，合拍拼貼成行星，經過反覆收編後確認軌道，這樣的過程就如同太陽以龐大的引力往內收斂，使行星或衛星都繞著它旋轉，形成一套獨特而有秩序的系統。

行星會「切換軌道」——隨著拼貼動機和魅力消長，某些行星遭到往外拋離，或是吸引得更接近太陽。

在第五章中將會詳細說明「小宇宙五項運行本能」，以及如何善用這五項本能，實現小宇宙的生涯目標。

小宇宙的人際關係、生活風格、消費習慣、思考模式、做事方式、生涯規畫等，方方面面都是透過這樣的一套小宇宙運行本能在運轉。小宇宙也透過這五項運行本能，確認了自己的位置，透過零碎的拼貼找到自己理想中的樣貌，並從中得到自我的完備感，但也因此產生種種生涯的迷惘。

■小宇宙的運行模型

小宇宙世代有幾個特質：

◎小宇宙的全新腦袋屬於放射狀思考，就像一個太陽，向四面八方同時放射出很多光芒和觸角，在碰觸到各種自己有興趣的知識和事物後，將其逐漸往自己為中心收編、拼貼進來，變成自己的一部分，形成一座充滿能量與星體引力的「小宇宙星體」。

◎再多選擇都可以被收編進來，而所有被安放進「小宇宙軌道」的各種事物，會變成像行星與衛星一般，繞著太陽旋轉，建構出龐大的知識整合和人脈收編體系。

◎太陽就是「熱情」施力的中心點。對於自己的「小宇宙特質」愈有自覺的人，就像吸引力愈大的太陽一樣，以八爪魚觸角般的龐大能力、魅力與感染力，轉動整個體系，不只讓別人以他為中心打轉，也標示出自己的獨特性。

◎小宇宙還特別重視放射、合拍、拼貼、收編、旋轉等能力。

◎小宇宙的全新腦袋可以處理「選擇大爆炸」這樣的棘手議題。它功能強大，還標示出自己的獨特性，並隨時進行時空切換，把惱人的事情都暫時隔絕開來。

◎每一個小宇宙的進化程度不一，翻轉時代困境為利基的能力也不一，於是有了高下之分。

02 找自己，卻找不到位置！

從內心到外表，小宇宙世代渴望全面自我實現，
更透過橫向串連獲得自信。
然而，拼貼來的生涯目標有如一張破碎的臉，
理想的工作看得到卻找不到。

資訊零碎，選擇眾多，拼貼成為常態，小宇宙置身於快速變遷的時代高潮中，每個人都熱中於「找自己」，並以自我為中心，利用五項本能塑造獨特性。

透過消費，小宇宙可以讓自己的生活與打扮都很潮、很有魅力，「理想生活」的情境開始不只在想像之中。透過包裝和公關，小宇宙把理想的自己行銷出去，變成明星、意見領袖或時代偶像。

當今，媒體也不再為少數菁英所寡占，小宇宙透過網路串連來顛覆知識權威，而他們之所以對自己這麼有信心，其中一個原因就在於，橫向連結讓人產生強大的自我效能感，讓人相信靠群體的力量可以改變世界。

網路串連，相互取暖

網路眾聲喧嘩，每個人都急於分享生活瑣事。小宇宙世代熱中討論的議題具有幾個趨勢：

◎傾向零碎化的小議題，更八卦、更自戀、更喃喃自語。而且，若議題愈小、愈日常化，反而愈能引起群體的迴響，例如，臉書上許多沒意義的發文、打卡，會引發更多的回應文。

◎議題的消耗量很大，串連更容易，只要在網路上按個讚，動作很簡單。不過，這種串連也會容易隨著注意力轉移而很快就消散。

◎分享文章成為「互惠」的關係——我提供你免費的好文章閱讀，你的分享幫我把想法傳播出去，因此轉貼成為反射性動作。

◎一群人一起做事，會更有「熱血」的感覺。傳統社團人數在實際運作時常受到組織規模的侷限，但網路串連則動輒可達數百人、數千人。大家七嘴八舌，單單討論時的那個「氣勢」就非常驚人。

◎比起上對下的知識傳承，小宇宙世代更熱中於橫向的經驗分享，大家比賽的是誰有能力把知識傳播出去。而且，每個人都可以對知識權威進行「似是而非」的破解，一切變得更具娛樂性，抒發了「嗆出心頭」的爽快感。

這五個趨勢讓小宇宙更有自信和主見。而且，時局多變，小宇宙更有理由相信每一套知識權威隨時都可能被「破功」。

最明顯的例子是，金融海嘯後，由衍生性金融商品所引爆的一波波經濟風暴，不要說學校老師看不清、看不懂，連全球各地舉足輕重的企業家、諾貝爾獎得主、國際權威期刊都慌了手腳。「看不出來」「很難說」「短期內不會明朗」，是最常見的說法。

相形之下，網路明星的言論反而更能被接受，因為他們和小宇宙彼此對味，又善於娛樂與行銷；發言可以不必很有邏輯，只要讓人心有戚戚焉就可以了。

我常舉「地球暖化」的議題為例。目前科學界對於地球暖化的成因與後果，仍存在著不同意見，歧見背後也糾纏著石油公司或綠能開發商的利益衝突，這使得小宇宙世代有了更大的想像空間。

一個常上網閱讀暖化議題的小宇宙，往往會覺得自己搜尋到的零碎知識量更勝於科學家。況且，小宇宙合拍到的知識更具故事性、八卦性，講出來會更有趣、更具煽動力。因此每個小宇宙都可以拼貼出一套自己的地球暖化「末日預言」，言之鑿鑿，有汁有味，被網友到處按讚。

比起以前的世代，小宇宙的「有伴」需求也更強烈。「伴」具有友誼和我群的性質，會讓人產生自信，膽子更大，認為自己能改變現況的「自我效能感」也就更強，參與同伴活動的意願也更高。這讓小宇宙更積極主動往外不斷探出光芒，尋找合拍的朋友，並收編回來，相互取暖。

因此，一大群人在一起取暖讓小宇宙意識到自己也是有影響力的人了，媒體不再是傳統新聞菁英的專利，透過網路的「轉貼」和「分享」功能，小宇宙的人脈影響力更不容小覷。

一九六七年，哈佛大學心理學教授史丹利・米爾葛蘭姆（Stanley Milgram）以郵件實驗證明所謂的「六度分隔理論」，意即在地球上的每兩個人之間，都可以在人際網絡延伸出去的六層關係中得到連結。二〇〇六年，微軟公司也在MSN的訊息傳送資料庫中驗證了這個理論。微軟發現，近半數的MSN使用者可以在六次傳訊中有人脈連結，而且高達七成八的使用者在七次傳訊之內就有關係。

今天，若以每個人臉書或MSN上擁有三十個「我伴感」強烈的好友為基礎，當消息透過數位媒體往外延伸出去，傳播的能量就會瞬間爆發，效果十分驚人。

前陣子，有一位企業人資部門的副總經理在公園遛狗時撿到一隻小狐狸犬。她待在原地不斷詢問公園「狗友」是否見過這隻狐狸犬，幾乎沒人見過。她把狗帶去獸醫院掃瞄，也沒發現這隻狗有植入身分晶片。

於是，她把訊息貼上臉書，被財經記者好友複製到MSN暱稱上，結果，狗狗居然在兩天內就找到主人了，因為那位財經記者的「同事的朋友」剛好是失主。

對小宇宙世代來說，並不會驚訝「怎麼會那麼剛好」，而是真心相信「就是會那麼剛好」。

除了為狗狗找主人，小宇宙效能感特質也被廣泛運用。從刑案發生時的關鍵錄影帶人肉搜索、網路團購的殺價，到企業的口碑行銷，甚至社會運動，都發揮了相當的效果，可以說滲透進小宇宙世代生活的各個面向了。

以反國光石化開發案的環保運動為例，它把網路和實體世界做了有效的連結，以組織性的社運團體為基底，透過網路將「散戶」、外圍環保組織匯流，形成一股強大的力量，對國家政策造成舉足輕重的影響，最終國光石化興建案喊停，社運團體打造無汙染家園的理想進一步落實。

許多面臨感情困擾、家庭暴力、性別認同難題的人，也都可以透過網友的慰藉和經驗分享，而度過情緒難關，並找到社工、合適的社福團體等相關管道求救。連「奇摩知識＋」這種原先設定為知識解答的平台，都會時常出現「女性遭受家暴」「單親爸爸如何照顧小孩」等求救文或請教文。另外，辦公室勾心鬥角的求生術，更是上班族在網路上最熱切傳承的經驗。

但不可否認地，小宇宙的串連和取暖在本質上仍較脆弱，且容易失之於民粹。容易合拍，也相對容易「脫落」，因為永遠會有新的合拍者出現，把既有的取暖對象排擠掉。

角色扮演讓人變世故，變精明

小宇宙透過網路，進行頻繁的橫向經驗交流，有許多「角色扮演」的機會，得以練習各種人格角色，於是在人情世故上心思變得更加細膩，產生超乎實際年齡的成熟。

夢妮卡是個胖呼呼的女生（最新體重顯示為一〇五公斤），嗓門大，愛爆粗口，不是普通的豪邁，常成為旁人嘲笑的對象。然而自從她投入網路角色扮演遊戲之後，終於獲得反向嘲弄的機會，並且得到在真實世界無法擁有的情感滿足。

夢妮卡的人格面具主要有兩個，一個是真實世界的她，胃口好，笑嘻嘻，擔任銀行電話客服工作；另一個則是在線上遊戲「魔獸世界」的虛擬角色「愛莉卡」。這兩個世界的人際關係相互盤根錯節，夢妮卡卻隱匿得很好。

在魔獸世界這類遊戲中，玩家可以匿名扮演不同人物。既然身材常被揶揄，夢妮卡就選擇扮演一個身材極曼妙的女魔獸，並把她型塑成理想女孩的典型、男性玩家欲望的對象。

「愛莉卡」是個大眼睛的高中女生，有漂亮的外表、好人家女孩的行為，但男性玩家就是偏偏看得到（女魔獸），卻約不到。

媽媽對「愛莉卡」有門禁，所以她不能出門約會。偏偏「愛莉卡」打心底叛逆，媽媽明言禁止打魔獸，她還偷偷玩。她打起魔獸衝鋒陷陣，巾幗不輸英豪；她和每個人都很熱絡，但當網友開起黃色笑話時，她卻十分害羞。

「愛莉卡」既叛逆危險，又勇敢冒險；既豪爽可親，又害羞矜持。夢妮卡向我提起她的魔獸人生時，還會學起小女生嬌媚的咯咯笑，非常融入。

有一回，我和夢妮卡在咖啡店聊天，她悄聲指著旁邊一位在真實世界時常捉弄她的運動帥氣型同事說：「他笑我交不到男朋友，但是他自己已經約我（愛莉卡）非常多次，都約不到，幾乎到了心癢難耐的地步！」

從夢妮卡促狹的眼神，我看到一種嘲諷，以及「我可以勇奪奧斯卡最佳女主角獎」的自信。藉由人格面具的轉換，夢妮卡不只得到反叛的快感，還得到從真實世界遁逃的機會，並且更熱中於「找到不同的自己」。

唯一可惜的是，愛莉卡無法被真實化，夢妮卡表面上得到其他小宇宙的讚嘆和結伴，可是事實上那只是一個人格面具。

在傳統社會中，每個人都有必須扮演的固定角色，難免有缺憾，但是到了網路上，人們卻能得到解放的機會，產生由內而外的自信，進一步覺得自己更完整了。

平價奢華，潮人偶像任拼貼

近年來吹起的平價奢華消費風潮，讓小宇宙世代得到讓自己外表更獨特的工具。「潮人」是小宇宙世代最典型的外表特徵之一。

「潮」這個說法源自香港時尚媒體的用語，形容當代「潮流」（Trend）。Trend這個字在英文的原意是「流動的水」；比起過去的「流行」一詞，香港使用的「潮」，更有站在時代浪尖上的洶湧、破碎感。

然而，一般人會覺得「潮人」很難定義，那是因為潮人雖有統一的外號，在精神上也是相同的，但外表卻各自殊異，很不一致。每個潮人都是隨自己的品味與興致拼貼出自己的獨特外表，而且潮人絕對不會承認自己是別人的完全複製品，他們都認為自己是在「做自己」。

因此，「潮人」比起過去所稱的「流行」更重視獨特性、自我主張，也更強調要擁有混搭的能力。「潮」不一定要一身名牌行頭，而是注重收編、吸引力、創意、興奮感、引領群眾等特質。

讓我們用一個成功的「潮人」來解說，會更容易理解。

二〇一一年夏天來台舉辦歌迷見面會的女神卡卡，讓全台媒體陷入追星風暴中。從女神卡卡身上，我們很明顯地看到「潮人」要成功，必須兼具兩大主要精神：一、拼貼能力；二、故事行銷。

女神卡卡擁有十分高超的「合拍拼貼」技術。所有的潮元素到她身上，都會形成以自我主張為核心的旋轉主軸，她不只把別人的概念挪用得很好，還展現出一種像是抄襲又不是抄襲的曖昧興味。

女神卡卡最經典的合拍拼貼，莫過於挪用瑪丹娜的幾個招牌元素，包括法國設計師高第耶的內衣外穿尖錐胸罩，以及向瑪丹娜〈表達自我〉MV致敬的單曲〈天生如此〉。

原先已經由瑪丹娜發揚光大的尖錐胸罩，到了女神卡卡身上，就硬要配上金屬亮片和帶刺皮靴，並讓胸罩噴出火焰來。所有元素都誇張到了俗艷的邊緣。接著女神卡卡再加入幾個獨創的「怪獸」舞步，暱稱學她舞步的歌迷為「小怪獸」。突然！俗麗開始具有故事性，並且說服力十足。

誇張到極點所形成的反差，不只帶來新反思，也讓人看到瑪丹娜所創造的前衛元素背後居然擁有無限延伸的潛力。女神卡卡等於是對瑪丹娜進行「收編」和「致敬」，十分高招。

瑪丹娜和女神卡卡都是故事行銷高手，她們都標榜「由外而內」做自己，深具反叛和鼓舞效果，就對了眾多小宇宙的味。〈表達自我〉是瑪丹娜用來對美國保守宗教勢力的反擊，歌曲中她唱道：「女孩，別降格以求！」；而〈天生如此〉則是女神卡卡對性別議題的挑戰，她唱：「我天生如此！」

當潮人偶像標示出「做自己」的主流價值，鼓舞了小宇宙相信人人都有機會和女神卡卡一樣，也營造出「從外而內」自我覺醒的三個推升力量：潮人指南大匯集、潮人實物大拼貼、「當季主打服」過季即丟概念。

潮人時尚合拍拼貼最需要的是「資訊」和「物品」。

資訊方面，最具參考價值的當屬雜誌媒體，因為它在資訊爆炸時代為讀者進行了消化整合，把零碎資訊以套裝的圖像效果呈現出來，而且還提供情境式的畫面，使得流行時尚穿著可以更融合到想像的理想生活中。

◎**時尚雜誌目錄化，以圖片講道理**：有「亞洲少女時尚聖經」之稱的《ViVi》雜誌來自日本，擁有多國語言版本，內容完全目錄化，幾乎看不到超過一千字以上的文字，也很少有強調攝影師功力的藝術照。模特兒穿著一套套由編輯搭配好的衣服，每一頁硬擠進三到四套，旁邊還附上更小的圖示，建議你可以取代的類似衣服和配件有哪些。不必文字，讀者看到拼貼好的造型便一目了然，自我歸納出其中原理，學著搭配。

◎**樂活、生活風格類雜誌的「生活型錄化」**：7-ELEVEn發行的《MY LOHAS生活誌》將生活風格也目錄化了。包括居家裝潢、飲食、旅行、最新玩樂方式、興趣商品等等，都用套裝和路線的方式呈現。雜誌上的圖片總是帶著玫瑰色的夢幻情調，賦予零碎物件風格式魅力。讀者看了之後，心生嚮往，產生對味的心理，便興起拼貼、改裝這些生活物件的興致。

◎**服裝和生活風格的混種型錄化**：同樣是亞洲潮男潮女時尚聖經的《non-non》雜誌和《men's non-non》雜誌，則結合了服裝與生活風格，讓模特兒穿著當季的設計出現在理想生活的場景中。以《men's non-non》為例，常在每一季的第一個月份推出時髦生活的情境單元。例如，若是由新生代模特兒柳俊太郎飾演主角，就名為「柳俊太郎的一個月生活」，篇幅可以長達十頁。三十天中，柳俊太郎每天混搭不同服裝出現在書店、花店、公園、車站等不同場合和女友約會，並根據每天氣溫、晴雨變化而略做搭配調整。連感冒在家休息，柳俊太郎都穿得很唯美。

潮人指南大匯集，讓讀者共鳴度升高，產生「有為者亦若是」的嚮往心態。而有了資訊，在時尚產業鏈的快速輸送下，小宇宙潮人取得實物的管道和價錢也都平易近人許多。

「平價奢華時尚」的商業策略是由ZARA、H&M等歐洲品牌所發展出來，主張的是不講究材質，改以快速推陳出新的設計和相對低廉的價格來吸引消費者，席捲歐美。而當平價奢華時尚來到亞洲，就更進一步，變得更快速、更平價、更時尚，甚至還擺脫了「品牌」的限制。因為，世界最平價的工廠就在亞洲。

以台灣的網購服飾業為例，有愈來愈多廠商密切觀望韓國服飾的新趨勢，一有明星照片或服裝目錄出現，網購廠商從參考、打板、生產到上架的時間，可以在二至三個星期內完成。利用大陸珠三角的服飾產業鏈，衣服價格也壓到最低，低到網購族願意冒險在未實際試穿的情況下就下單購買（況且還有鑑賞期制度，不喜歡可以退換）。

根據資策會統計，二〇〇八年台灣網購服飾精品類業績首度超越3C商品，躍升為第一名，營業額突破二二〇億元，原因就在於這種平價時尚風的產業鏈在地化。

潮人實物變得廉價化又唾手可得，可以從五分埔和網路購物的買氣，以及DIY風氣崛起略窺端倪。

五分埔和網路購物是潮人取得服飾實物最快速平價的方式。藉由五分埔每週一的大宗批發，商品大量流往全台潮店、潮攤，進入大街小巷。五分埔面積不到〇．一平方公里，就擠進上千家店面，每年商機粗估有四百多億元。

值得注意的是，時尚雜誌上所羅列的物品都是有品牌的，但五分埔和網路購物商城都幾乎零時差地提供類似樣式的服裝和配件，價錢壓低到只要三分之一。小宇宙潮人進行拼貼的經濟門檻就更低了，速度也更快。在講究拼貼功力甚於品牌忠誠度的今天，把五分埔商品混搭出自我品味的效果甚至比一身名牌還令人推崇。

五分埔之外，UNIQLO、ZARA在二〇一一年相繼登台，讓台灣潮人的平價治裝管道再進一步，變得更為多元，與國際同步。

服裝和配件之外，IKEA、智慧型手機、自行車、國際連鎖咖啡店裝潢等講究「設計」的生活物件市場興起，也讓「生活風格」的合拍拼貼蔚為風潮。生活風格拼貼始祖之一的瑞典家具品牌IKEA，是都會上班族補充家具時必逛，其品牌定位就是強調DIY組裝的拼貼方式。消費者在賣場中能看到寢室、書房、廚房等居家情境，但是裡頭的每個小物件都是分開販售，不是傳統「買一整組」的概念。消費者可以視個人需求，「自我客製化」居家環境。至於當前最熱門的智慧型手機iPhone，擁有強大的App Store軟體延展力，讓每個人都可以在相同物件外表下，拼貼出屬於自己的獨特手機。

有趣的是，資訊和實物拼貼變得容易之後，小宇宙潮人普遍出現「當季主打服」的概念。甚至因為價錢便宜，還可以毫不心疼地快速捨棄，每一季都幻化為不同樣貌的潮人。

小宇宙潮人購買每一季最潮的商品，密集穿著，類似歌手的「打歌服」。主打服的穿搭祕訣是折衷主義，混合時尚精品和五分埔便宜貨，比的是誰混搭得最高竿，貼近「人穿衣服，而非衣服穿人」的時尚定律。當季節轉換，這些材質普通的商品也就被毫不心疼地丟進資源回收箱。然後，小宇宙潮人便毫無負擔地往下一個更潮的自己邁進。

瞬間決定，輕易丟棄，買再多，經濟壓力也不大；丟才是王道，衣櫃不再是資產。學會有效率運用衣櫃空間，快速、有主見地騰空更新，是潮人的基本智慧。

「找自己」必備：智慧型手機與臉書

從內而外的相互取暖，從外而內的潮人消費，在這兩股信心相互簇擁之下，呼喚小宇宙相信「自己可以很獨特」的聲音愈來愈強烈。

即使現在的自己還不夠獨特，「理想中的自己」也可以很獨特，因此小宇宙必須關心的重點是如何全面地塑造理想的自己，並學會巧妙的行銷。

兩個有趣的現象反映出小宇宙世代從「工具」和「名片」尋找理想自我的努力過程：智慧型手機成為生活必需品、在臉書網頁營造自我形象。

二〇〇七年，iPhone的上市帶動智慧型手機的市場規模成長，智慧型手機的銷售量以每年翻倍的速度改寫手機版圖。二〇一一年，全球智慧型手機年銷售量已經達到一．四九億支，占了整體市場的五成，市占率還有繼續提高的趨勢。

過去人們討論智慧型手機的風行，焦點大多放在「設計感」「時尚」「潮」方面，但是智慧型手機的使用文化早就超越外顯的虛榮感，變成「高消費生活必需品」。

因為是生活必需品，智慧型手機擺脫年齡消費力限制，成為小宇宙世代不可或缺的「數位義肢」，小宇宙藉由它的媒體功能，突破生理侷限，隨時隨地得到無限擴充，變得無所不能。有愈來愈多生活不虞匱乏的青少年，選擇去打工賺錢，只為了要買一支智慧型手機，滿足小宇宙太陽的本能需求，隨時把食衣住行、朋友等諸多的行星收編到軌道運行。

男性時尚雜誌《men's uno男人誌》董事長呂永元曾針對這個現象提出他的看法。他指出，青少年潮人或許買不起名牌服飾，但是為了買一支智慧型手機卻寧可在便利商店值最辛苦的大夜班，點滴累積幾百元的薪水，「只為了擁有這個傳統印象裡小孩根本不需要擁有的奢侈品」。

值得注意的是，智慧型手機雖有平價化的趨勢，消費者不一定要花大錢才能買到了，尼爾森、勤業眾信（Deloitte）會計師事務所等調查單位也都因此看好整體市場金額會呈現爆炸性成長，但是手機換代速度快，不管定價是一萬元或三萬元，現在都是比筆記型電腦汰舊頻率更高的基本開銷。

而且，花了三萬元買手機後，每月固定的行動上網費用隨之而來。根據中華電信對用戶的統計，智慧型手機使用者多數都採用「mPro上網吃到飽」方案，無限瀏覽最低費率是九百五十元；若每天講三分鐘的電話，每個月就要四百多元的通話費，上網費加通話費，每個月超過一千三百元的電信費用是跑不掉的。若想省掉購機費，選擇最受歡迎的綁門號購機優惠方案，費率也都是一千多元起跳。

「一千多元是許多青少年一星期的零用錢，等於每個月要花四分之一的生活費在手機上，但是他們不只認為值得，而且還是必要，因此願意犧牲零用錢額度，吃得比較省、打工比較勤奮，只為了讓生命有完全感。套句最流行的話，就是很努力地『成為自己』，」呂永元說。

中華電信交通旅遊處處長王景弘更有高中校園的第一手觀察。「目前升學壓力龐大的公立高中學生，擁有智慧型手機者也常高達四分之一了。這些學生在班上會大受歡迎，只要下課時間一到，使用一般手機的同學一擁而上，圍繞著他爭相利用藍芽等「專用短距離通訊」（DSRC）系統，把他的智慧型手機當作小型行動上網基地台，儼然像是一群行星繞著太陽打轉！」

這樣一來，想當「太陽」被簇擁的高中生愈來愈多，每個人都想成為同儕網絡的焦點，也都極力避免被排擠到邊緣。

如果說智慧型手機是小宇宙的工具，那麼臉書個人檔案就是小宇宙的個人名片了。

◎**個人檔案**：小宇宙可以好好包裝自己，戴上一個由各種興趣、學歷、近期參與活動所拼貼出來的面具，然後在自我介紹短文中對這個面具加以說明和定義。當別人點進你的個人檔案頁面時，看一眼就可以大約想像出你是什麼樣的人。而且，個人檔案還講究圖像美感，這些代表個人喜好的小型圖案則大多是從網路蒐集、拼貼來的。懂得版面配置的人in，配色不佳者還不至於out，但就是不OK。

◎**塗鴉牆**：小宇宙張貼出來的訊息、引用的連結，以及回應別人的短文語氣，開始進一步說明其面貌，賦予面具底下縱深的內涵。

◎**好友名單**：相同羽毛的鳥聚在一起，好友的數目代表了人氣指數與魅力高低，好友的身分則代表你擁有哪些酷炫的人脈。一長串「好看」的名單，也就是人脈的漂亮度，與超多的人數一樣重要。

◎**相簿**：展示你的長相、生活方式和攝影技巧。穿著和從事的活動潮不潮，一目了然。懂得行銷的人會在這裡發揮「導演」兼「演員」的能力，勾勒出理想的面貌。

經過這四種訊息，一瞬間，別人就可以決定要不要親近你這個人，要不要把你收編到他的小宇宙運行軌道中。然後，他會按下結為好友的邀請，待你一回覆，兩個小宇宙立即彼此收編！

當臉書小宇宙連結起來後，經過幾次互動，便會逐漸決定應該卡位到哪一個行星運行軌道上，是很親近的軌道，還是一般軌道，或只是「朋友的朋友」型的衛星？巧妙的應對技巧可以決定自己是否能成為有魅力的「小明星」。

臉書不只豐富了人際關係的運行，讓大家比拚魅力和獨特性，同時也藉由各種訊息連結，讓小宇宙太陽的光芒往外伸展出去，獲得自己平時不會碰觸到的大量訊息與知識，再選擇性地以八爪魚般的力道收編進來。

從人際網絡中，小宇宙確認了自己的位置，找到自己理想中的樣貌，並從中得到自我的完備感。

生涯偶像分眾化、拼貼化

每個人都會有生涯偶像，映照出「想要成為的自己」的樣貌。

過去，台灣屬發展中社會，資訊匱乏，價值單一，產業樣性集中，可以參考的模範較少，多數人的生涯偶像也比較集中。

現在，小宇宙世代裡，學校提倡多元價值與學習，生涯偶像也變得更多元。而且，有生涯偶像也不再是年輕人的專利；當「世代」不由年齡來界定，四十歲、五十歲、六十歲，甚至七十歲的人都積極尋找生涯偶像，而偶像的年紀可能比他們小很多，甚至都可以當兒子或孫子了。第二青春、中年轉型、退而不休、活力老年，讓人生各階段都充滿選擇。媒體的「造星」運動不斷，傳記書籍大賣，也提供許多學習、參考的故事。

不過，每個人心目中的生涯偶像排行榜名單也因此愈來愈長，愈來愈難決定先後順序，愈來愈常變動。**有別於過去世代生涯規畫的專注和單純，小宇宙世代的理想生涯是拼貼出來的，東拼西湊，多元而混雜**。

如果偶像代表了理想人生具象化的面貌，那樣的畫面就會像是意圖把偶像最美的五官都挑出來，拼貼成自己心目中獨一無二的樣子。眼睛挑金城武的，鼻梁挑蔡依林的，腦袋是賈伯斯的，表情是蔣友柏的。

這樣的人生顯得很貪心，規畫更破碎、更不具體。把所有完美的五官拼貼成一張新臉，不一定能呈現和諧的美學邏輯，況且每個人的喜好隨時都在變，理想中的完美五官會隨著時間改變而重組。如此，邏輯更難連貫，要複製多元偶像而摸索出學習軌道，難度就變得更高了。

除此之外，小宇宙所追求的人生，已不再只是傳統社會價值所認可的金錢和社會地位的「成功」，而是不管工作、生活、家庭等各面向，都還要有「玩樂」的特質，人生才顯得對得起自己。

因此，小宇宙的理想人生最好是可以一邊工作，還一邊享受著生活。

二〇〇九年秋天，在某個大型論壇附屬的子場活動，台灣首富郭台銘和前Google中國區總裁李開復進行了一場對談。鮮少公開露面的郭台銘竟把主場的記者與觀眾都吸引過來，頗有喧賓奪主之勢。當時，他講了一段話，現場記者席一陣騷動，人人振筆疾書。

郭台銘聲若洪鐘地說：「現在，台灣很多年輕人的生涯都以開咖啡廳為滿足。」

就整個脈絡來看，郭台銘講這句話是意在吹捧彼時剛成立「創新工場」的李開復。但他的邏輯與告誡的語氣卻頗值得玩味：「我希望台灣年輕人不要有島國思維。希望李開復趕快到台灣設立分公司，培養出幾百個，甚至幾千個李開復。」

新聞見報後，網路論壇頓時炸開來，許多人認為郭台銘的話宛如「何不食肉糜」般刺耳。時代早已變遷，霸氣的勞力密集製造業經營理念，不能強加到以服務業為導向的後工業社會。況且，複製「幾千個」李開復，絕不會是多元社會的「成功」。

套句美食作家韓良露的回應：「開獨立咖啡館或許賺不了大錢，為什麼全世界仍有不少人夢想要開個小咖啡館呢？因為，人們想的不只是賺錢，而是賺到一種生活。」

平心而論，郭台銘的想法並非那麼可議，因為他的話講錯一半，但也講對一半。

講錯的是，製造業雖仍是台灣的主力，但黑手可以當上首富的時代已經過去了。

政府積極推動產業結構的轉型，使得現在較吸引人的工作與生涯機會較集中在設計、餐飲、網路、科技等以軟實力為基底的行業。

講對的是，郭台銘是真的觀察到人才在全球化底下慘烈競爭的現況，而深深為台灣年輕人憂心著。近年來，台灣社會從上到下掀起向「自己」看，也就是向「愛」看的風潮。反觀同為華人經濟競爭圈的中國大陸，正快速崛起，這個國家同時享有「世界工廠」和「世界新興市場」的優勢，十三億人口集體向「錢」看，年輕人出頭的野心強烈。面對日益激烈的國際競爭，多年來受保護主義庇護的台灣人才，確實要有心理準備面對市場開放的震撼。

確實，二〇〇九年我在《遠見》雜誌發動一個「上市櫃企業布局兩岸關鍵調查」結果顯示，有高達七二．二%的台灣企業，認為大陸人才的競爭優勢在「企圖心」，台灣人才的企圖心則只獲得一七．六%的企業肯定，兩者呈現四比一的懸殊比例！國際人才戰場上，草食動物遇上了肉食動物。

但是，看向另一個現場，近年台灣掀起獨立發行音樂的風潮，陳綺貞是成功建立這套商業模式的第一人，她以獨立音樂之姿躍居市場主流，帶給眾多獨立音樂人信心。

二〇〇三年，陳綺貞與滾石唱片解約之後，毅然展開台灣前所未有的獨立製片模式，一個人包辦詞曲創作、封套設計和唱片發行，甚至還親自騎著摩托車到誠品書店鋪貨。

「那是我這輩子第一次自己去文具店買計算機，每天敲敲打打，計算錄音、封面設計、唱片壓製、鋪貨等成本，把獨立製片各項細節親身徹底了解和運作了一遍，並且深深陶醉在其中，」陳綺貞笑著說，她以前開演唱會，連鞋帶都有人幫忙綁，後來自己發行EP（單曲唱片）卻要親力親為。有一回，她打電話去印刷廠跟老闆討論封面色調的問題，老闆一聽到她的聲音嚇了一跳，連忙問：「陳小姐，這種小事情妳怎麼還要自己打電話來啊!?」

就這樣，從二〇〇五年起的兩年間，陳綺貞以一人公司「Cheerego.com」發行了三張EP，以及獲得金曲獎多項入圍的專輯《華麗的冒險》。這張專輯封套上就寫著：「簡單生活何嘗不是一場華麗的冒險。」她主張「簡單生活」哲學：「我喜歡簡單的生活，就像喜歡單一樂器伴奏的簡單音樂一樣。」

緊接著，陳綺貞的聲勢一波接一波往上推，三年沒出新專輯，沒有大唱片公司撐腰，她卻創下演唱會六千張門票在五天內售完的紀錄。編列好的廣告預算都還來不及花，只好直接在台北捷運列車上刊登感謝廣告。

隨之而來，台灣興起一波「全民瘋設計」的熱潮，年輕人熱中於創作，並透過網路與創意市集獨立販售自己的作品，他們所標舉的「簡單生活」理念正是陳綺貞的宣言。

誰說工作不能等於享受？享受不能代表成功？陳綺貞是許多自由工作者的生涯偶像，她在音樂中「做自己」，還創造台灣獨立音樂發行的全新商業模式，擁有龐大支持群眾。現在，台灣豐沛的文化創意活力，也正是傲視兩岸三地的軟實力。

生涯階梯陡峭化、多元化

「你的生涯偶像是郭台銘，還是陳綺貞？」

我常在演講現場問聽眾這個問題，通常得到的回答是：「兩個都要！還要加上陳樹菊！」

這可能嗎？不無可能，而且愈來愈可能，只是難度比較高，因為兩個人成功的機緣和背景分屬不同的時代。

從郭台銘到陳綺貞，正代表台灣從以製造業為主的「工業社會」，過渡到以知識經濟為主的「後工業社會」。

在郭台銘的邏輯中，「不以開咖啡廳為滿足」的工業社會，經濟體主要生產的是「使用價值」，也就是企業要生產實際物件或零件。此時，多數人的生涯設定和成功定義往往是「穩定」和「富裕」，單一而窄化。過去幾十年來，台灣首富都是由傳統製造業或金融業創辦人所包辦，「向錢看」的價值觀長期獨占年輕人偶像排行榜的榜首。

就上班族來說，這個時期的台灣產業規模小、企業規模也小，所需要的人才不必具備特別的專業度，只要學歷好看，都能進入企業做一樣的事，慢慢累積經驗，表現突出者很快便能獨當一面。許多現在檯面上成功創業的企業家，如聯強國際集團總裁杜書伍、近年來以百腦匯3C賣場連鎖在大陸崛起的藍天電腦副董事長兼總經理蔡明賢等人，也都是經濟起飛年代上班族出身。

來到今天，製造業的創業資金門檻變高了，環境很難讓黑手出身的老闆「憨憨賺」。企業講究的是創新度和靈活性，領導人若沒有兼具專業知識和管理能力，很容易在激烈競爭中遭到淘汰。

即使野心強烈的一流專業人才，進入大企業後，生涯階梯也變得相當漫長陡峭。因為企業競爭變大，經理人的能力要求也更全面性，中階主管常爬到一個位置後就遇到瓶頸。對於副總級以上的職缺，老闆常寧願讓位置懸空著，任由獵人頭公司在人力市場上尋覓很久，也獵不到適合的人才。

不過，在此同時，新的出頭機會卻出現了！

在講究知識和資訊靈活運用的經濟體底下，生產的商品講究「交換價值」，強調美感、情緒、遊戲性等特質。生產者不一定要生產出像製造業那樣的「具體物件」，實用、耐用也不再是第一要件，只要能引發消費者情緒共鳴的商品，在使用時享受到「爽」的感覺，就能賺大錢。

例如，音樂、設計、網路等創意產業，都是比較不講究資金門檻的新興產業。歌手陳綺貞、設計師蔣友柏、黃謙智、聶永真，以及網路平台「噗浪」創辦人雲惟彬等人，開始成為新興生涯偶像。他們標示出的不只是職涯的成功，還包括快速崛起、職業內涵新穎、工作看起來很酷很有趣、可以不顧世俗眼光做自己等特質。

小宇宙世代有多麼熱愛創意產業？從教育部的統計數字可以一窺端倪。

二〇〇一年之前，全台灣僅有六所學校設有設計類系所，到了二〇一一年則有五十多所學校，共設立超過二百六十個設計科系，且單單二〇一〇年一年內就增加了十個，設計系學生人數更高達五萬五千多人，是十年前的三倍。在少子化大學縮編的狂潮下，設計學門一枝獨秀，而且還持續發燒。（如表三）

當然，這和政府以大學教育當火車頭來扭轉產業結構的政策也有關係，不過當社會改向

表三　台灣設計類科系學生人數統計

台灣大專院校設計科系的學生人數逐年增加

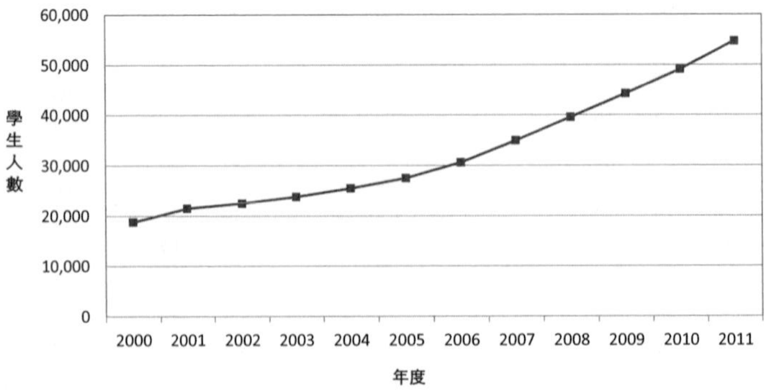

資料來源：教育部

「夢想」和「獨特」看齊時，生涯偶像也不再標舉客觀數字的財富排行榜，而是和自己對不對味，因此可擔當生涯偶像的人開始為數龐大，並且相當「分眾」。

部落格、噗浪、臉書等資訊與社交網站盛行後，「資訊流經濟體」呼之欲出。資金門檻低、工作趣味高，只要懂得使用「資訊流」的訣竅，負責收編和分享資訊，連前期資金都不必準備，單單付出時間和創意來經營，素人也有機會透過網路來建立個人品牌，進而獲利，小宇宙世代的新型職業也就出現了！

網路上「達人教你做」的風潮崛起，各種教人夾假睫毛、餐廳試吃、3C產品開箱文的文章大量湧出，不只捧紅了一群達人，還有人以此為業。

美國部落客泰薇・蓋文森（Tavi Gevinson）十三歲時就擁有大批粉絲，被法國時尚精品迪奧（Dior）邀請參加以往只有時尚名流才能出席的時裝秀，更引發了「穿而優則寫」的風潮，部落客開始大量被時尚精品秀奉為座上賓。二〇一一年九月的紐約時尚週活動中，主辦單位「IMG時尚集團」就邀請了四十位部落客參加！

台灣潮人部落客花猴、酪梨壽司等人也是從網路竄紅，被主流媒體大幅報導，出書分享心得。甚至有美容網站「FashionGuide」號召網友一起參與化妝品評鑑，開闢「爛店開罵」討論專區，結合廣大消費者口碑，不只影響美妝通路與製造商的銷售方向，網站也找到全新獲利模式，創造廣告、試用、網路購物等多元商機。

生涯目標的三個矛盾

1 引誘人致富的生涯偶像，引誘人享受的生涯偶像

許多小宇宙世代希望自己也能變成過著簡單生活的陳綺貞，不過，當個首富、擁有私人飛機，「喊水會結凍」的人生並未因此就失去魅力，反而同樣吸引人去效法他們。在產業結構轉型交錯的年代，生涯偶像也會混合著不同時代的人臉。

首富排行榜式的生涯偶像，引誘的是世俗化的「成功」；標榜獨特的分眾偶像，引誘的則是享受人生的「成功」。

要複製首富的成功模式較為單純，他們的共同特色是，一輩子只專注在某一個職業或角色上，恆心和毅力就是成功的最大利器。通常只要在職場上有相當歷練，循著坊間的教戰守則努力研習，都可以學到首富致勝的幾個招術。

「引誘你享受的生涯偶像」則為數龐大，許多都是很年輕時便小有名氣，工作看起來又有魅力，重點是他們正在做自己喜歡的事，過自己喜歡過的生活。

他們的成功要件都是很獨特、有人氣，愈多人繞著他們旋轉，他們就愈「成功」。亦即，這些人自己就是小宇宙，有能力把許多人都捲進來當他們的行星，然後他們自己就不再只是「小」宇宙，而是「大型的」小宇宙，他們的追隨者之間也容易有相互取暖

與相互認同的效果。

如果把「引誘你致富的生涯偶像」和「引誘你享受的生涯偶像」都當作拼貼的學習目標呢？

模型就更複雜了。因為對象選擇性多，面貌差異性大，學習軌道會更拼貼；加上小宇宙自己興趣多元，不時還會更換新的偶像，軌道變得更混亂。舉例來說，一個大學設計系學生的小宇宙生涯偶像學習軌道，會呈現如下的樣貌：

這位學生的主要生涯偶像有三個：平面設計師聶永真、歌手蕭敬騰，以及首富郭台銘。

聶永真是當初讓他選擇就讀平面設計系的誘因。聶永真擁有自己的設計團隊，在媒體上出現的形象永遠都很潮，談論的又是很酷的設計理念，工作內容有趣又好玩，符合自己的興趣。他的社交圈裡應該也都是很潮的設計人和廣告人吧？

但是，這個學生心裡又同時呼喊著，黑蜘蛛蕭敬騰也不錯！畢竟自己的聲音與姿色也不差，如果去參加「超級星光大道」也有一戰成名的機會。那麼，為什麼偶像會是蕭敬騰，而不是其他的選秀參賽者呢？因為正規參賽者必須一集集過關斬將，而前來ＰＫ的黑蜘蛛卻不必循正規管道，就能以黑馬之姿幹掉最具冠軍相的參賽者，迅速致勝，建立自己的傳奇！

不過，學生的生活必不富裕，最近房東打算賣掉房子，要學生搬走，另覓租屋成為他生活裡最煩惱的事。他開始感慨，「錢能解決的事情都是簡單的事情」。郭台銘的生活優渥，又霸氣十足，有自己的事業王國呼風喚雨，管理企業員工像管理動物園，所有員工都得依照他的哲學來走，富士康深圳龍華廠「尿液不黃不夠努力」的說法真是夠嗆的了，再加上老來還娶少艾之妻，不損對前妻的深情形象。人生若往長遠著想，一定要像這樣啊！

然而就在此時，美國《時代》雜誌盛讚的「台灣價值」陳樹菊爆紅，小宇宙開始覺得捐錢助人方為人生的真諦，便也把陳樹菊當作生涯偶像——畢業後到夜市賣鹽酥雞創業也是不錯啦！

於是，小宇宙必須在這四個各自代表潮人、快速升降梯、首富、捐錢做公益的生涯偶像中，找出一個綜合性的軌跡來作為學習的軌道。

當小宇宙面對彼此差異大、代表不同時代價值的偶像，理想情況下是整合出一個生涯學習的軌道，讓諸多偶像繞著自己打轉，然而實際上小宇宙往往做不到這樣的整合，結果反而是讓自己弱化為行星，同時繞著四個生涯偶像旋轉，並且在運轉當中，因為心情的變換，不同時間受不同偶像吸引，而不時變更自己的軌道。

深感賺錢不易時，就崇拜郭台銘；看到媒體吹捧陳樹菊，就立志捐錢做公益。後來發現陳樹菊很辛苦，所以陳樹菊out！還是向蕭敬騰那樣快速成功受人崇拜比較好。不過，聽到同學常常討論聶永真，又深深覺得聶永真的生活才是真的酷，工作也很潮。就這樣，學習軌道不斷地轉換。

小宇宙東轉轉、西轉轉，在不同軌道之間擺盪，隨時拼貼新的生涯偶像進來，所追隨的恆星交錯出複雜多變的引力運轉系統，要形成一個固定的學習模式也變得很難。換來換去，花很多時間，卻更混淆，不知道自己到底要做什麼，而且由於轉軌花了太多力氣和注意力，很難有足夠的力氣拿來學習，最後變成「選擇多，常換軌道和學習對象，難以做決定」。

選擇一多，就會出現「最」的迷思，什麼都要最多、最精采、最獨特、最有趣，要靜下心來「認份」進入哪一個生涯偶像的學習軌道就更難。

難怪，小宇宙不禁感嘆，「理想工作」看得到，卻找不到。因此，小宇宙會出現以下的生涯議題，就一點也不奇怪了：

◎興趣那麼多，而且每天都在變。

◎對許多工作都有興趣，卻又下不了決定。

◎夢想總是很模糊、不具體。

◎即使夢想很明確，卻總是不知道如何實現它，也沒有人可以教導如何實現它。

◎總是有夢想敵不過現實的無力感。

◎總是有「現在不做，以後就不會做了」的迫切感，但是卻不知道該做什麼。

■小宇宙世代的生涯偶像特色

若以小宇宙模型來看，「引誘你致富的生涯偶像」通常有兩種特色：

◎價值觀上，引誘你成功的「引力」很單純。他們是一顆標示某種單純生涯價值和典型的恆星，當你把它當作生涯偶像，只要變成一顆繞著它價值觀打轉的行星即可。

◎職場能力上，因為這些生涯偶像的特質也是「堅定單一理念、以恆心和毅力做到成功」，要學習和複製他們的模式就相對簡單。能力學習的軌道很單純，有很明確的軌跡可循，也比較容易對職涯價值和想像專心一意。

至於「引誘你享受的生涯偶像」，也有兩種特色：

◎價值觀上，零碎而多元，他自己的面貌就是在零碎中合拍拼貼出來的，可以同時是一個成功的創業者、意見領袖、名嘴、作家，同時還可能是潮人。當你把他當作生涯偶像恆星，要捕捉它的價值觀面貌並形成學習軌道，第一步就有相當的難度。

◎職場能力上，這些生涯偶像的成功模式都講究創新。創新本身只是一種抽象概念，而不是一個有形有體、可依循的樣態，複製學習的軌跡相對複雜。而且因為這顆恆星隨時都在創新、變形，追隨者不一定能完全掌握他接下來要往哪裡去；因此在複製難度變高的情況下，追隨者的黏著力也比較不強。

2 台商老爸擔心「愛」太多，大學子女擔心「學」太少

生涯偶像多，難以選擇，拼貼來的「理想工作」不可複製，也使得小宇宙眼花撩亂，看不清理想工作背後的成功祕訣，職涯很容易變得「務虛」而非「務實」，職業選擇也常常變成是一種「情調的嚮往」。

就在去年，一群台商朋友返台過節，舉辦家族聚會，邀我參加。

台商們講話時總有一股創業家的霸氣，和帶我參觀工廠時的氣勢沒兩樣。這天，台商們先是分享彼此對景氣現況的觀察，然後不知不覺間，話題轉向子女教育問題。

其中一位電子製造業老闆抱怨：「現在大學只講究概念啟發，不教實用技術，這怎麼行！但是小孩就是愛啊！我女兒之前一下子想唸廣告設計系，一下子又想唸餐飲管理學校，說以後畢業要自己開一家像偶像劇裡的民宿。愛這個，愛那個，我力勸後，雙方各妥協一步，她改選讀工業設計系，現在還是成天跟我講愛！愛！愛！無論如何，她畢業後非到大陸來跟著我學習接班不可。」

但矛盾的是，這位台商又隨即聊起前台新金控總經理林克孝因為愛爬山，最後死於山難的消息，他轉而認為，自己年紀大了，一生都在拚事業中度過，頗為可惜，現在他才體悟到興趣真的很重要，「很多事情現在不做，以後就不會做了啦，我正積極尋找像林克孝那種可以無怨無悔的興趣。」

隨後，我以「葛格」身分加入孩子桌的討論時，卻發現這群台商子女非常認真踏實，並憂慮著大學一直強調自己不是職業訓練場，但畢業在即了，學校教的課程感覺都不夠用，怎麼辦？技術、理論都教了很多，但為什麼從沒教過他們台灣未來的產業趨勢？生涯規畫、職場現況相關課程為什麼是一片空白？

最後，愈講愈焦慮，這群年輕人的話題自然而然導向要多修一些學分或創業學程、可能要延畢、要考研究所、要出國當交換學生。

「我寧願到蔣友柏的橙果設計公司實習，也不要去我爸公司；蔣友柏才是靈活的學習對象啦！但是，像橙果那麼好的工作為什麼總是看得到、找不到呢？」電子製造業老闆的女兒這樣說。

一邊是抱怨小孩只愛學自己愛的，但自己也開始找可以發洩熱情和熱血的興趣；一邊是選了自己愛的科系，卻又擔心學的永遠不夠，學校又不能給適當建議。

3 大學校長堅持學術研究，企業家感嘆人才難用

二〇一〇年初，我為了製作一個大學教育新聞專題，走訪兩岸三地十一所頂尖大學校長，當然也不可免地要面對面問他們：「為什麼大學無法提供學生職涯的想像和規畫能力？」

大陸的大學在社會主義大框架的人才培育計畫下，就業率是政策要求，也早就是學校間較勁的重點。他們非常積極與市場接軌，教授們指導的研究生在就業市場的受歡迎程度甚至會影響教授的升遷、聲望，以及各單位贊助其研究經費的意願。

大陸走一圈，回到台灣，我走進台灣大學的校長室，李嗣涔校長和我聊起台大面對兩岸三地大學競爭的宏觀策略。最後，我順便問他上述的疑問，他不假思索地回答我：「大學不是職業訓練場，我們是培養學術人才的地方。」

台灣大部分的大學校長也幾乎都是如此回答，僅有少數一、兩位向我坦承，趨勢的變化實在是快到讓大學的教育者無法掌握了，「況且，過去台灣的大學教育比較忽視職涯發展的啟發，現在即使創立了很多相關學程，但坦白講，大部分的教授們一輩子就待在學校裡，也很難提供第一現場的經驗。生涯想像力就靠學生自由發揮了！」

台灣企業因此深感大學訓練不夠務實。

有一次，我和聯強國際集團總裁杜書伍聊起「愛」的議題，他馬上就說：「我最怕那種面試的時候直接告訴我他想要做行銷的人。行銷乍看之下像是都在搞活動，好玩又

有創意，可以成天像花蝴蝶一樣飛來飛去；但其實行銷是要有一套長遠策略的，必須環環相扣，布局縝密，並不是放一個又一個的煙火。學校怎麼沒教這個？讓學生被『愛』蒙蔽，只『愛』到事情的表面。」

他嘆口氣說，研究型的大學確實跳脫不出舊思維，學生修很多基礎學分。少子化讓學校擔心招不到學生，也就出現了很奇特的本末倒置現象，學校好像就是一個遊樂園的Cheer Manager（啦啦隊經理人），把校園弄得很歡樂，讓學生覺得在這裡生活多彩多姿以方便招生，卻不是很嚴肅地告訴學生：「欸，你職涯最重要的時間點開始了！」

大學未能趕上時代變遷，林克孝也遠去了。

人生都是在「愛」與「現實」之間做妥協，現在「愛」的成分和比重加大了，並不代表就可以完全忽視「現實」。常聽到許多人呼籲，一定要就讀熱愛的科系、選擇熱愛的工作，講得好像如果不是自己愛的，就千萬別去做。這種說法忽略了一個事實——人自以為的「愛」，有時候是會蒙蔽人的，也不是每個人都有本錢義無反顧不考慮「經濟安全感」而直接追求愛，因為人是要在收入穩定的環境下，才能安心地大放異彩。而且，本來世界上很多的美好就是藏在陌生後面，很多的興致就是藏在枯燥後面。

在職場上，小宇宙世代經常是工作許多年了，每每遇到挑戰和難關時便會不斷的有一種呼喚跑出來，要他趕快換行業。小宇宙心裡想：「我會這麼難過就是因為不愛這個工作！我應該要去過一個更愛的生活，換一個更順暢的跑道！」

這就是小宇宙世代的生涯發展圖像——嚮往簡單的生活，而成功卻不是可以簡單達成。

■小宇宙的「小」和「宇宙」兩大特質

小宇宙世代講究自我，也特別講究在自己建構起來的生活秩序中進行拼貼，讓一切繞著自我運行，並在其中自得其樂。我們可以歸納出幾個小宇宙世代的生涯面貌。

小宇宙外顯的「小」，有幾個共通的特質：

◎知識的獲得、社交活動和娛樂行為，都可以在一部小小的筆記型電腦或智慧型手機上完成。

◎成功的定義是由「小我」來決定，不再像過去，一切要跟隨社會普遍價值的「大我」價值觀來走。家庭的干預愈來愈少，甚至許多家長更加鼓勵小宇宙順著自己的性向走，不再那麼鞭策孩子要符合傳統價值觀中「高社經地位」的那種成功。

◎職場上，對「成功」二字也不再局限於職位與薪資的高低，由自己來定義

「成就感」。但是，「財富」所象徵的成功仍然具有很大的吸引力。

◎更能享受「小成就感」。與過去相較，高學歷、低層就業的「高成低就」變得普遍。

小宇宙的「宇宙」特質，也可以歸納出幾個面貌。

◎自得其樂的能力愈強，擁有自成宇宙、自行旋轉的自信與能力。透過小宇宙們橫向生命經驗的相互分享，在建立生涯觀與價值觀時，愈來愈不依賴原生家庭的意見。

◎零碎化、圖像化的時代特質，讓小宇宙發展出「合拍」與「拼貼」的能力，拼貼能力的高低成為世代顯學。甚至道德與不道德的視窗也可以不斷切換，使得「一心多用」和「表裡不一」成為常態。

◎興趣廣泛，對知識和資訊都充滿多元的欲望；想拼貼的知識碎片很多，只要是自己喜歡的，都希望能收編成自己的一部分。

◎這不是抄襲，一旦拼貼後，小宇宙就有能力把它們變成自己的一部分，在自己身上散發出一種獨特光芒。

◎收編進來的東西很雜，所以要有強的自覺能力，將它們拼貼到最好的位置。但也因此，小宇宙往往很難決定事情的先後緩急與喜好程度，常常喜新厭舊，很快就又去喜歡一件剛碰觸到的新鮮事物。

◎小宇宙的生涯樣貌也是合拍、拼貼而成；擁有多個樣貌歧異的生涯偶像，渴望活出多元而有趣的人生。因此小宇宙也對時間感到貪心，自我感覺良好的機會愈多，常想像著自己如果可以過著不同的人生就好了。

◎建構小宇宙的經濟門檻低，只要有通訊工具即可；收入不必太多，只要能讓小宇宙的生活自由自在、自得其樂，就算足夠。

03 活力崇拜，滿腔熱血竟成空轉

時時熱血、隨時連線、想要永遠年輕，
小宇宙世代活在築夢的迫切感中。
然而企圖操控時間的結果，
卻導致生涯價值觀的扭曲，
以及生命秩序的錯亂。

歌手盧廣仲在歌曲〈一百種生活〉中唱道：「想要的生活有一百種，不想掉進深深漩渦！該怎麼走？誰來告訴我？無邊的宇宙，哪裡有我想要的生活？」

想要的生活真的有太多種了，每分每秒都要充分使用，人生才算值得。所以，小宇宙特別熱愛速度，崇拜活力，當下活得精采還不夠，甚至還要為未來預先熱血。

尤其交通便捷和數位化，讓空間不再受距離限制，時間不再有日夜之分，讓小宇宙彷彿有了任意轉換時空的主導權，隨時切換進不同的日照軌跡裡。只不過，時間感改變也使得生涯出現失序的錯亂，恐懼的源頭也變成是在未來，包括「以後就不會做了，怎麼辦？」「不想長大，怎麼辦？」「每分鐘都在變老，怎麼辦？」

三種扭曲的時間觀

一九八九年，英國地理學家大衛．哈維（David Harve）提出了一個有趣的「時空壓縮」理論，為「全球化」奠定了理論基礎。他認為，全球各大機場的飛機班次起降密度愈來愈高，人們飛來飛去更為容易，衛星通訊、網路連結也改變了人類對時間與空間的認知。透過先進的交通工具，人類旅行和貨物運送的時間成本被壓縮，整個世界的空間感也被壓得更加緊密且互相依賴，全球化於焉加快。

今天，飛行更成為家常便飯，人們藉由飛到不同時區，任意快速切換時空。網路行動通訊則讓使用者得以和不同國家的朋友或客戶聊天，每個人的時間也因此定位在由台北、紐約和巴黎全部攪混在一起的網路時區裡，全球零時差。

時空被嚴重地壓縮，壓到像紙張折疊一般，有了皺褶，而網路活動和人類身處的實體環境，形成兩個相互平行的世界。

平行世界也不再侷限於桌上型電腦前。智慧型手機風行之後，你可以隨時隨地進入一個多時空交錯的「皺褶地帶」，和巴黎、紐約、東京的朋友同步聊天。透過MSN、臉書等網路軟體，小宇宙握有主動權，隨時能把週遭拋棄，神遊太虛。身邊的人近在咫尺，也相隔天涯；臉書上的朋友相隔天涯，卻那麼緊密。

小宇宙世代的生涯時間觀也因為科技和生活習慣的改變，產生重大變革，出現了「時序錯位」「異齡同時」「異地同時」三種特殊趨勢，扭轉了生涯規畫的價值觀和定律。

「時序錯位」改寫了生涯秩序，讓小宇宙的生命縱深出現倒錯。最明顯的現象有兩個：

◎時間感改寫，總是有「現在不做，以後就不會做了」的迫切感。

◎空間感改寫，只要站起身隨時都可以休學或辭職，出國追尋「夢中的橄欖樹」。

「以後就不會做了」的迫切感

恐懼的源頭就在未來，小宇宙世代的焦慮特別表現在「有些事現在不做，以後就不會做了」的不安中。

這句話出自於電影《練習曲》。在這部二〇〇七年四月上映的「公路電影」中，描述一位即將畢業的大學生覺得以後可能再也沒機會旅行，為了避免日後悔恨，向學校請了假，開始單車環島，因為他說「有些事現在不做，一輩子都不會做了」。

《練習曲》在該年暑假引爆單車環島風潮，全台上下都瀰漫在這股熱血中，即使不愛騎單車的人也會被朋友號召一起「環一下」，因為大家都說「一輩子都不會做了」。

單車環台發展出多種形式。「一日雙塔」是從台灣最北端的富貴角燈塔騎到最南端的鵝鑾鼻燈塔，全長五百多公里，至少得花十七個小時。「雙循環」則是先順時鐘環台一圈後，再逆時鐘騎一圈，總長二千多公里。

當生活壓得人喘不過氣，大家都有發洩不完的熱情，於是就這樣一圈一圈地環島著。二〇〇八年，台灣自行車內銷市場銷售量達到一百三十萬輛，亦即該年度每一七．七個台灣人就購入一輛新的自行車。雖然一時湧入太多新車，市場漸趨飽和，但馬上又出現另一批不甘受限體力考驗的熱血族——摩托車團隊緊接著興起，呼嘯在全台公路上。

「一輩子都不會做了」代表「以後想做，也沒辦法做了」，能不讓人感到慌張嗎？熱血環島風蔓延開來，正好又碰上連鎖超商引進「樂活」概念，年輕創作者的「簡單生活」主張也方興未艾，在玫瑰色氛圍瀰漫下，別讓自己有「以後就不會做了」的遺憾，成為小宇宙世代普遍的生涯準則，必須加緊搶先熱血的事情變多了。

六十歲時會覺得「以後就不會做了」，可能是基於健康因素的考量，認為來日有限，現在一定得享受體力還能負荷的活動；四十歲時會覺得「以後就不會做了」，是因為接下來要全力拚事業，得在衝刺前好好玩樂一下；三十歲時覺得「以後就不會做了」，是正要在職場上安身立命，選定一個主力行業奮鬥，所以其他必須放棄的九十九種生活得先嘗試一下；至於二十歲的「以後就不會做了」，是基於大學即將畢業，「由你玩四年」的日子不再，不先累積一些熱血的經驗是一點都不OK的。

那麼，到底哪些事必須如此急匆匆地熱血呢？因為時序是在「以後」，現在當然也很難搞清楚，所以，無論如何只能「先做先贏」，免得以後一輩子悔恨。於是，小宇宙世代就很容易拼貼別人的熱情焦點，即使這些本來並不是自己喜愛的事。

單車環島、打工度假等大為風行，就是最典型的例子。尤其打工度假，因為澳洲、日本等國家的簽證大多規定必須三十歲以前出發，且一生只能申請一次，更加深了立即行動的迫切感。**結果，「以後就不會做了」的事嚴重排擠到很多「現在應該做」的事。**

生涯時間感開始錯位。

「現在應該做」的事有著「強烈現實感」和「相對的平庸性」。現實代表著「目前的辛苦」，如果是工作上遭遇的現實，常常是錢少、責任多、不符合自己的興趣，或選擇多而下不了決定做哪一行，怎麼看都不具吸引力。「相對的平庸性」也意味著「和大家都一樣」，缺乏獨特感。

反觀「以後就不會做了」的事，充滿著夢想的氛圍，很美、很玫瑰色，又讓自己顯得不一樣，顯得更有意義。況且，先做「以後就不會做了」的事，還能擺脫當下現實的責任和壓力，得到遁逃，怎麼看都很有吸引力。

不過，小宇宙世代的這種生涯觀有兩個弔詭：

◎如果現在應該做的事都不做或做不到，如何去做以後的事？

◎當「以後就不會做了」的事到底是什麼都還弄不清楚，就去熱血追逐，眼前應該處理的事也依舊未解決，迫切感之上又堆疊了徬徨，心頭更是亂糟糟。

遠走他鄉，追尋夢中的橄欖樹

當飛機班次變密集，廉價航空崛起，網路連結變容易，訊息洶湧而來，小宇宙可以

「想像」和「嚮往」的地方也變多了。

全球季節、慶典、體育賽事、天災、戰爭等等，都變得零時差。即使不離開台灣，世界各角落發生的事情也主動靠近你，這些訊息圖文並茂，可能還有當地好友向你即時連線報導第一手的生活情趣。於是，這些宛如近在咫尺的「異國情調」就會讓人產生鬥志，決心「親手寫下傳奇」。

加上給予台灣免簽證、落地簽證、打工度假名額的國家愈來愈多，媒體又一直倡導「空檔年」「壯遊」「深學習」等經驗對職場競爭力有加分，使得出走「尋找夢中橄欖樹」的人更加理直氣壯。在主、客觀利多條件下，小宇宙不會只滿足於網路上漫遊全球風情，更想真實地走出去。

大家都出去尋找：

◎溢軌的可能

◎異國經驗

◎理想的生活

◎可以累積和炫耀的資本

所以，愈來愈多小宇宙覺得只享受鹿港的蚵仔煎、萬華的滷肉飯、公館的書店還不夠，要到更遠的地方尋找更有趣的事才夠看。出走的人快速激增（如表四），他們在網路上「炫耀」每一個充滿異國情調的足跡，很容易成為新型的人氣明星。

偶像劇演員宥勝就是一例。二〇〇六年起的一年間，他到澳洲打工度假旅行，並且不斷在部落格上張貼熱血、陽光、帥氣的文章和照片，還獲得當地舉辦的旅遊宣傳攝影比賽獎項，累積了很多人氣，進一步成為他返台後踏入演藝圈的經驗資產。

在宥勝返台後的那一年，根據澳洲旅遊局統計，台灣年輕人到澳洲打工度假的人數已高達六千一百人，在所有亞洲國家中，人數僅次於日本和韓國。

透過出走，小宇宙把自己投入一個沒有人認識的旅程中重設自己的價值，並藉此累積可炫耀的資產，產生一種有別於他人的獨特性，並在對照出來的「魅力」中「找到自己」。

表四　台灣歷年出國旅遊人次統計

台灣出國旅遊的人次已於2010年突破九百萬

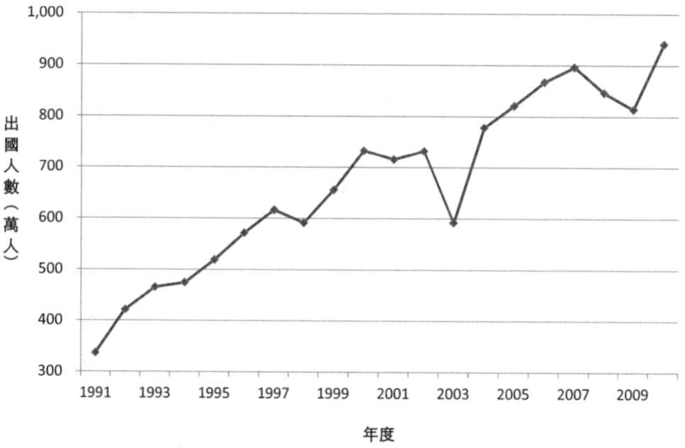

資料來源：交通部觀光局

透過相機鏡頭、生動的部落格文章描繪、臉書照片即時上傳，就像電視新聞SNG連線實況報導，隨時更新動態，引起共鳴。大家的思緒都繞著他旋轉了，他就像一個引力強大的恆星，把其他人都收編成他的行星了。如果運氣好，也可以成為人氣部落客；夠積極、帥氣，或可像宥勝一樣，進軍演藝界。

每個人多少都有旅行夢，甚至是環遊世界的夢。舞蹈家林懷民就說：「年輕的流浪是一生的養分。」

但，旅行是為了什麼？這種跨國經驗到底有什麼實際的用處？並不是每個人都很確定。旅行本來就可以是無目的的漫遊，但旅行者卻不全都意識到這一點，當旅行演變成一種無意義的行走，便很容易因旅程中的挫折與失落，產生自我否定和懷疑。

半途打道回府、打工度假鎩羽而歸者不在少數。其中，打工度假尤其挫折人。

若是出國「遊學」，因為要先預備一筆錢，遊學者會先評估經濟與時間效益，且學習語言的目標明確，即使花了很多時間玩耍，也有客觀標準來檢驗學習的成效。

至於「自助旅行」，則不只要先準備一筆錢，還得擬定預算，對自己的財務負責。而且，自助旅行者通常會先從一、兩星期的短程自助遊開始練習，進而增加到一、兩個月，確定自己真的熱愛旅行，才會考慮走一趟環遊世界之旅。

「打工度假」則比較複雜。推動打工度假的國家有著多重的政策盤算，希望能同時達到旅遊行銷、引進廉價勞工等效果。許多人蜂湧前去，當地雇主就常藉著發給工作證明的決定權來剝削打工度假者，挫折人的自信。

而且，在目的不明確的狀況下，打工度假者到底是來打工、度假，還是學習語言？人往往容易忘記初衷（或是一開始初衷就不明確），加上既定的簽證期間是一年，若提早回來，容易在同儕間被視為挫敗者，壓力變得很大。

高雄師範大學的碩士生L就因為澳洲打工度假三十歲的簽證資格年齡上限，放下了如火如荼進行中的研究所課程，舉債出國。因為「現在不做，以後就不會做了」，她覺得在旅程中寫個電影劇本也不錯。

但是，出國之後的半年間，朋友們不斷接到她的「抱怨文」轟炸。她每封信都在談農場採蘋果的同事們有多麼勾心鬥角、老闆又如何剝削勞工，最後撐不下去，想提前半年回來又怕沒面子。「劇本沒寫成，英文沒學好，積蓄花光了。在台灣，連到清境農場採水蜜桃打工，我都不願意啊，」她在最後一封信中這樣寫。

另外，信義房屋的潛力業務員S，在二〇〇九年台灣房仲業因為兩岸開放開始狂飆之前，因為公司看好房市前景，加大他每月的業績額度，造成他龐大心理壓力，使他毅然決定遁逃出國，做「現在不做，以後就不會做了」的事。

到了澳洲，他只能找到中國餐館的工作，還先在廚房洗盤子洗了兩個月，才終於擠到能和客人講英文的前檯服務生職務。老闆老是威脅他，如果不想做，還有很多人排隊！這讓他信心大受打擊，返台後，花了好長一段時間才重新建立起從前當業務員的積極態度。

這是怎麼了？往好處想，像林懷民說的，這都是人生的養分。

凍結年齡，「小孩大人」不想長大

在人類史上大概不曾如現在這般，年輕人超級不想長大，中年人不想生孩子，銀髮族不想變老。

小宇宙的第二個生涯時間感錯亂趨勢是「異齡同時」。當「以後就不會做了」的事一直不斷呼喚著你，而且這些事又很好玩、很符合「找自己」的渴望，便會不斷插隊排進來。於是，生涯時序自然地遭到延期，年齡觀念改寫，青春永遠活得還不夠精采。

而立之年原本是三十歲，但小宇宙世代不再是三十而立，甚至連到了三十五歲都不想而立，「小孩大人」（Kidult，Kid和Adult的合體字）就此出現了。

他們失去「年齡感」，長不大，也不想長大，三十歲、三十五歲、四十歲，不同年齡層的人都活在同一個想玩樂、愛夢想的心智年齡上。

「而立」是什麼？一般的理解是：你必須經濟獨立，事業起步，如果有房子、車子、股票，「立」足於這個社會才能理直氣壯。而且在經濟能力穩固之外，還要擔負起成家的責任。

但是，台灣客觀的薪資結構調整趕不上房價飛漲的速度，愈來愈不利於成家、生子；年輕人肩膀上必須承擔的責任太重，形成一股客觀的推力，把小宇宙往「小孩大人」推過去。

主觀的年齡認知則是另一股拉力。小宇宙世代想要自由自在過生活，做自己想做的事，養得活自己，日子過得開心，就算不是太高的薪水或職場地位也沒關係，何況許多人還有富裕的父母親當後盾。

這兩股力量一推一拉，常讓小宇宙明明實際年齡是大人，心智年齡卻還是小孩。過去，「長不大」多少帶有一點貶抑的味道，但在全球崇拜活力的今天，反而變得很潮、很酷。香港甚至將Kidult音譯為「傑斗」，頗有「豪傑中泰斗」的意味；當地的時尚媒體找來歌手、名人當範本，大力推崇他們是「成年人保持童心來待人處事」，使許多人嚮往不已。

在「小孩大人」身上，通常可以看到幾個特質：

◎熱中於玩樂勝過工作，或是永遠在找「既可一邊玩樂，又可一邊功成名就」的職業型態，但始終找不到。

◎三十五歲、四十歲還不想成家立業。

◎對於已經成家立業的人多少還是會羨慕。羨慕生自憐，於是「找自己」的渴望更強烈，卻又感嘆找不到自己。

◎「小孩大人」在職場上的成績比較容易不上不下，因為企業老闆普遍會認為這樣的人無法扛起家庭責任，也就比較猶豫是否能將重責大任交託給他。於是「小孩大人」也常賺不多，但也餓不死，沒有太高的成就動機。

◎具有年齡的合拍拼貼特質：在同一個人的身上，兼具著不同年齡的特徵。

「小孩大人」會把不同年齡最美好的部分拼貼在一起，我們可以用小宇宙模型來理解。

一個實際年齡三十五歲的「小孩大人」，會依照他的喜好，在自己的小宇宙裡拼貼出一個多年齡混雜的圖像，而且這種年齡拼貼是有策略考量的。

照理說，如果很享受青春的感覺，凍結在二十歲的狀態下不是會更好嗎？但大部分的「小孩大人」不會想凍結在二十歲，因為二十歲的經濟能力是很弱的，感情經驗也較不足。亦即，經濟、情感等大部分領域的欲望都沒辦法在二十歲的年齡中獲得滿足。

所以，經濟能力希望凍結在三十五歲，肉體希望凍結在二十五歲，家庭與社會責任凍結在二十八歲。

社會學界會以較負面的名詞稱呼這樣的人為「彼得潘症候群」或「浮萍世代」。

但我認為，「小孩大人」也不是完全負面的名詞，如果「小孩大人」擁有獨立的經濟能力，心智成熟，他們也可以是「又會賺錢、又會玩」的一群人。這和學校裡常有一群人被形容為「又會讀書、又會玩」的優秀學生一樣，這群人反而能在職場上形成一個領先集團，擁有相同的興趣和語彙。

有一個知名的威士忌廣告常以一群有共同方向和夢想的好友為故事，引起許多人的共鳴；這種廣告也像連續劇一樣，會一集一集演下去。廣告中，好友們不只定期聚在一起喝酒聊天，職場上也相互鼓舞和提攜，成為緊密的人脈。事實上，我認識許多企業的中階主管，都是這種又會賺錢又會玩的類型，他們來往的人也都是企業界的中階幹部，都年過三十五歲，都還不想結婚！

■ **異齡同時的「小孩大人」**

實際年齡：三十至四十五歲。

工作心態：二十八歲，還不到三十歲，因為可以不必在職場與家庭裡擔太大責任。

打扮方式：二十五歲，因為此時外表既青春又好看。

戀愛模式：十八至四十歲，交往對象的年齡差異容忍度大，戀愛模式可依遇到的對象而調整。

消費心理：五十至六十歲。熱中購買的東西混合了各年齡層的喜好。例如迷戀五歲小孩喜歡的迪士尼公仔，提早服用六十歲銀髮族熱愛的維骨力。

娛樂方式：二十八歲，以健身維持青春健美的體態。為了學蔡依林的新歌舞步，每週固定提早到健身房排隊上課；颱風來了反而要去衝大浪；網路秒殺陳綺貞演唱會門票。

不分年齡的怕老，青春等同於反智

對於青春的迷戀，人類已經從消極的「怕老」進化到積極的「抗老」，進而鄙視老年。

二〇一〇年初，我曾和直銷商賀寶芙總經理陸若函聊起這個現象，當時她直截了當地說：「現在人人都怕老，八十歲希望自己看起來像五十歲，五十歲希望自己看起來像三十歲。」台灣保健和美容產品的銷售逐年大幅成長，本來直銷商是最主要的供應者，現在藥妝店、生技公司也紛紛成立實體通路來搶食市場大餅。但直銷業一點都不擔心，「因為這塊餅是只會愈做愈大的新藍海市場。」

根據艾美仕市場調查公司（IMS Health Inc.）公布的數據顯示，台灣保健食品市場從二〇〇八年的六六四億元，一路攀升至二〇一〇年的八四〇億元，終於在二〇一一年突破九〇〇億元，往「千億市場」的規模邁進。

另外，整形的風氣更是丕變，短短十年內，最具指標性的演藝界人士不再偷偷摸摸去整形，而開始有藝人大方坦承自己動過哪些整形手術，甚至還有人進一步開起醫美診所，親自代言。連名嘴周玉蔻都坦承自己去做了整形，而她看起來確實像換了一張臉，比以前更年輕漂亮。

抗老成為全民運動，現代科技可以讓人延緩外表的老化，人類也開始從事傳統觀念裡「異於正常年齡」的活動。例如，導演楊力州紀錄片裡的七十歲銀髮族大跳《青春啦啦隊》，企業家王品集團董事長戴勝益五十幾歲挑戰攀登喜馬拉雅山，許多銀行襄理四十歲會跳每一支偶像歌手剛首播的MV新舞蹈等，都已司空見慣。

當年長者開始展現抗老之姿，年輕人又如何凸顯優勢呢？以「反智」來標示自己很「青春」的邏輯開始大行其道。最明顯的是電視綜藝節目這幾年突然流行起來的「我那時還沒出生耶」話術。

我曾經在同一天內，連續看到電視播出的綜藝節目中出現四、五次這樣的對話內容。藝人們熱烈討論某個深度議題，很快地，就有其中一人脫口而出：「這個我不知道耶，那時我還在幼稚園。」一旁邊，另外一個人會馬上接一句：「我那時根本還沒出生！」

突然，現場最年長的藝人顯得尷尬，於是悠悠說一句：「我那時也才小學六年級。」

當抗老技術愈來愈神奇，每個人的外表看起來都去齡化，把「反智」「無知」和「青春」畫上等號，成為凸顯年輕的最佳武器。

這和過去人類「崇智」的傳統很不一樣。在過去，知道愈多歷史知識會被認為是學識淵博，而無知也一直公認應該被譴責。如今，「我不知道」反而受到好評，而且講話的人還是主動選擇凸顯自己的無知，因為他已不擔心被嘲笑，他更在意的是青春與否。也就是說，如果無知可以代表青春，他會寧願選擇無知，「標榜青春」的渴望勝過一切。

雖說電視節目有時候是為了製造娛樂效果，但確實也凸顯了「異齡同時」中的奇異反智現象，人們對年齡的抗拒，竟轉變成對知識與智慧的歧視和疏遠。

世界永遠都醒著，隨時要連線

小宇宙生涯時間感改變的第三個趨勢是「異地同時」，開始挑戰人類的生理時鐘。e-mail去除了郵遞時間，讓寄件者和收信者零時差；MSN上隨時都有不同時區的人醒著，臉書和噗浪更是二十四小時在滾動。所以只要透過這些網路系統，你隨時可以和不同時區的人交談，你的世界永遠都是醒著的。一切變成「此時此刻」，交互作用出小宇宙「隨時連線」的心理需求。也就是說，在網路的速度下，使用者進入「二十四小時日照」的時區。

過去流行「掛網」，使用者會二十四小時開機連線，避免漏掉訊息。當智慧型手機普及化之後，「掛網」改為「打卡」，到哪裡都要在臉書上公布一下，也停不了下意識檢查電子郵件的動作。

小宇宙被智慧型手機綿密地牽引起來，每個人的隨時連線狀態更為落實，不只隨時可以和千里之外的朋友聊天，「二十四小時日照」也滲透進小宇宙的每分每秒。

「異地同時」當然不只是單純掛網聊天，在全球化工作的需求下，業務涉及跨國連繫的上班族，便必須配合其他時區而作息，形成「職場二十四小時日照」趨勢。而且這種二十四小時日照工時還不是輪班制，而是責任制。

我常在週六清晨參加完派對回家後，發現法商寵物食品公司技術部經理韓立祥還掛在網路上。細問原因才發現，她正在和位於紐約的客戶進行網路協同工作，因為當地時間晚了台灣十二小時，許多事情又必須在紐約的週末來臨前處理完，於是她等於是從台北時間週五早上八點上班到週六凌晨六點（紐約時間週五下午六點）。

工作完，出門吃個早餐，她又必須飛往巴黎去開企業內部的全球跨國年會。等她抵達巴黎，剛好又是一天的中午，就繼續工作下去。

她的時間，一直停留在日照的上班狀態。

白天酗咖啡，晚上酗小白

作息的時間感也出現結構性的改變，小宇宙世代開始有「控制時間」的欲望。

網路上隨時都有人醒著，不想睡的人可以上網找到也是醒著的人，想睡的人也會產生「很多人沒睡，現在應該不是睡覺時間」的錯覺。加上提神飲品、助眠劑的風行，許多小宇宙連自己的生理時間都想控制。

樂觀與活力常是職場上衡量員工企圖心的指標，責任制工作更標榜這樣的人格特質。每個人都必須隨時保持在最佳狀態，不然老闆或客戶會覺得你委靡不振，不堪擔當大任。於是，每個人對精神狀況的控制欲就更強了。

有陣子，新聞界流行過一句話：「白天酗咖啡，晚上酗小白。」「小白」是助眠劑「使蒂諾斯」（Stenox）的暱稱。這句話反映出「延長醒著的時間」和「決定想睡眠的時間」兩種新趨勢。有利於控制生理時鐘、精神狀態的飲品和藥物，在過去十年迅速崛起，而且絲毫沒有退燒的態勢。

咖啡、茶、機能飲料等「小宇宙時間飲品」取得不只容易，還很精緻化。

台灣的二十四小時便利商店密度世界第一，每二千五百人就分配到一家便利商店，連在鄉間都可以隨時出門買到現磨現煮的廉價咖啡。便利商店所提供的是咖啡「外帶」的概念，消費者拿到品質穩定的咖啡就可以往下一站走去。一早喝一杯咖啡醒腦，傍晚疲倦了喝一杯提神，週末深夜在酒吧喝完酒後再喝一杯醒酒，咖啡有滲入二十四小時生活的跡象。

根據台灣咖啡協會的統計，二〇〇四年台灣的咖啡市場消費總金額約台幣四百億元以上，其中現煮咖啡就占了一三五億元；此後，台灣的咖啡市場消費總額更以每年一五％至二〇％的速度成長。到二〇一〇年，咖啡人口超過五百四十萬人，等於每四人之中就有一人有固定飲用咖啡的習慣。如此驚人的數字，使得烘焙坊、超商、連鎖咖啡店全都在搶食市場大餅。

根據星巴克總經理徐光宇的估計，二〇一二年台灣每天賣出的現煮咖啡高達五十萬杯。

若以這個數量換算，整年度可以達到一．八億杯！台灣已經來到「全民喝咖啡」的年代！

在這場商機競賽之中，咖啡被塑造得很有情調，尤其是拿著外帶紙杯在街頭上行走，更是都會生活必備的風景，這和機能飲品「俗又有力」的形象大相逕庭。從各家連鎖超商的咖啡廣告台詞中也可以看到，「整個城市都是我的咖啡館」「Take a Break，Let's café」等，都企圖形塑隨時隨地喝咖啡改變心情的浪漫新形象。

對照現煮咖啡的好情調、好味道、好效果，台灣茶的市場更大。根據星巴克在二〇〇九年發布的數字，台灣的茶市場規模高達台幣七百億元，其中罐裝包裝茶約占二百億元。而有趣的是，茶商機裡的罐裝茶則走另一條路線——多元化、平價化。不只比現煮咖啡便宜、易於攜帶，還標榜窈窕，抓緊民眾對瘦身的需求，等於是「一邊high著，一邊想像自己美著」的提神飲料。

既然醒著的時間可以控制，睡覺的時間當然也要控制了。

台灣連助眠劑的使用量都在提高。根據睡眠醫學會每三年進行的統計顯示，台灣慢性失眠人口正以倍數成長，到二〇〇九年時已經高達六百萬人，亦即每四人就有一人受失眠所擾。而根據醫學界統計，二〇〇八年一年內台灣人就吃掉一．七億顆安眠藥「使蒂諾斯」，用藥者不分年齡都有增加的趨勢。

咖啡代表的是「延長醒著的時間」，使蒂諾斯則提供「控制想睡覺的時間點與時間長度」。當使蒂諾斯開始「咖啡化」，只要睡不著或想在某個時間點睡覺時就拿出來吃，變成是和咖啡同質性很高的飲食行為。

醒著的時間可以控制，睡覺的時間也可以控制。便利取得飲品和藥品，提供小宇宙貫徹「二十四小時日照」式生活的藥理性支持。如果睡眠是可被自己控制的，為什麼不去控制呢？而這其中有一個弔詭，當小宇宙花很多時間掛在網路上耗時間，許多人卻反而愈來愈承擔不起浪費時間的成本。

一個個小宇宙不睡覺地運轉著，猶如太陽向四面八方射出無數支箭般的光芒，往未來飛奔前去。分分都要熱血，秒秒更要熱血，甚至為了未來預先熱血。但是，小宇宙對時間更加貪心和焦慮，再多甜美、夢幻的情節充滿在生命裡，仍對甜美之外未能抓住的事物感到一種無法擁有的強烈悔恨！時間失去階梯般的秩序，變成一種不斷變換軌道的旋轉，全新的局面也帶來不安與不舒適感。

04 社會正在「溫柔推擠」，高成低就者向下流動

整個經濟體系構築了「找自己」的美夢，
卻也誘使人落入長期捉襟見肘的窘態中。
一股隱形而強大的力道正溫柔地推擠著，
將小小熱血推落到社會的底層。

科學家研究指出，我們身處的宇宙源自於一場大爆炸。大爆炸既是大破，也是大立，激盪出滿天奇蹟般的繁星。

今天的社會也是如此情勢，從資訊獲得、人員流動、人才結構，乃至於金融體系和消費欲望，各種巨變迎面而來。小宇宙世代源於如此複雜的格局，生涯變數猝不及防，新秩序正在建立中，整個世代是萬事俱興，也是百廢待舉。

小宇宙世代的幾項大爆炸現象，造就了全新格局。

1 資訊量以倍數成長

根據英特爾（Intel）統計，二〇一〇年一整年在網路傳送的資訊數據總量是二四五艾位元組（EB或Exabyte），是網路有史以來所有的數據總量一五〇艾位元組的一．六六倍，二〇一五年還會達到一千艾位元組。

未來，只要有一部電腦就能擁有相當於一座圖書館的數位資料典藏，人們愈來愈習慣於數位閱讀。電子書則具有關鍵字、模糊語意等檢索功能，讓學者不必再耗費時間像蠹蟲穿梭在漫漫書海間碰運氣，只要按幾個按鍵，便能進行大量的文獻考證。

社交網站的興起，增進了資訊與知識的流通。二〇〇九年九月，臉書宣布使用人數破三億人，台灣當時的使用者只有二八〇萬人。二〇一二年二月，臉書創辦人馬克．祖克柏在公司申請上市前的公開信中指出，臉書幫助了全球八億人口建立一千億次以上的連結關係。此時，台灣的使用者已高達一、三〇六萬人，若以年齡區分，三十五歲以上占五一．七%，四十五歲以上占二五．一%。

網路快速便利，成了許多人取得知識的主要途徑，但真知識與偽知識含混不清，大量傳播。橫向的相互取暖逐漸取代垂直的知識傳承模式，橫向生命經驗的交流也大過縱向知識累積。人們開始相信，透過串連的勢力可以扳倒一切權威。

資訊爆炸所帶來的衝擊是，小宇宙世代內心覺得自己樣樣都行，但實際行動卻往往趕不上心理善變的速度。

2 流動性大幅增加

大陸海協會統計二〇一〇年台灣赴大陸觀光人次超過五百萬，並粗估常駐大陸的台商和台生有二百萬人。台灣二〇一一年出國人次達到九五八萬，平均每二．四人就有一人出國旅遊。入台觀光人次也達到六〇八萬，創下新高。

全球化與兩岸政策鬆綁，讓區域經濟體更緊密的自由貿易協定（FTA）蔚為國際主流，交通便捷使得旅行更加容易，遠距遷移變成常態。無疆界人才競爭態勢也正式進入亞洲、南半球，大量人才主動或被迫出走，交換學生是全球化職場大戰的預習跳板，跨國會議幫助專業經理人打開宏觀的視野；對人生充滿好奇者，則不斷背起背包出去尋找夢中的橄欖樹。

面臨如此的人才流動趨勢，有能力走出去的小宇宙，必須準備好迎向國際化職場的挑戰，而走不出去的人，他國人才還是會直接踏進國門搶你的工作，無可迴避。

3 文憑氾濫

文憑正在貶值，根據內政部統計，二〇一一年台灣擁有碩博士學歷人口突破百萬，是二〇〇〇年時的二．五倍。大學學歷人口突破四百萬，兩者合計占了十五歲以上人口的四分之一。

根據一〇四人力銀行在二〇一一年的調查，五一．五五%的企業認為大學學歷貶值。大學生畢業平均起薪約二萬六千元，和一支iPhone的價錢差不多。

讀書就能出頭天的時代已過去，高成低就的時代來臨。「高學歷低就業」「高期待低實現」衝擊整個職場生態。大學錄取率百分之百也就罷了，少子化還使得許多大學面臨關門的考驗。

補習班以前是「保證考上大學」，現在是「保證考上國立大學」。教育界開始憂心「二〇一五大限」，也就是二〇一五年台灣將掀起第一波大學退場潮。對人才來說，「母校消失」比「媳婦沒娘家可回」還令人心酸，建議大家最好把在校成績等相關個人紀錄都先預辦幾份放著，以防未來出國留學要申請學校時，母校已人去樓空。

但這不代表文憑從此無用，而是文憑走向精品化、格差化。文憑會被企業很殘酷地分為兩種——精品和劣質品。你必須進入名校就讀才能率先擠進職涯的「領先集團」；而名校也最好從小學開始唸起，由錢、教養、人脈堆積而成。位在頂端的文憑沒有貶值，只是被進一步清楚地區隔出來。

4 金融秩序與薪資結構重洗牌

二〇〇七年金融海嘯，美國有超過一百家銀行陸續倒閉。歐債危機下，二〇一二年二月，Invictus金融顧問公司發布美國本土銀行壓力測試報告，預測三年內，將有七五八家銀行倒閉。

在台灣，根據行政院主計處在二〇一一年八月發布的資料顯示，二〇一〇年台灣未滿四十歲的青年勞工約四五八萬人，是整體勞動人口的三六％，平均年所得不到五十四萬元，和一九九六年的水準差不多，等於是薪資倒退十四年，真正來到「青年貧窮」時代。

二〇一〇年，台灣每四位在職青年就有一位處在打工、派遣工作的非典型就業狀態中。企業則大幅調低社會新鮮人的起薪和職位，非典型就業人口在十年內成長三倍。

大債時代來臨，金融海嘯在短短五年內讓國際局勢丕變，數百年來強勢主導人類文明的資本主義面臨崩毀危機。美國的大國地位岌岌可危，中國的崛起之路充滿變數。

這是當今世代無可迴避的衝擊：工作正在消失，機會往新興國家流動，青年走向貧窮化。但也別對企業老闆過度怨懟，搾乾你的老闆也隨時可能被資本主義浪潮搾乾。

5 職場技能門檻拉高

根據一〇四人力銀行二〇一一年調查，有四六・一%企業認為擁有證照是新鮮人踏入職場的必備要件，三七・六%認為必須要有過企業實習的經驗，三五・九%認為要有打工經驗。

職場技能要求愈來愈高、愈全面，企業升遷階梯漫長而陡峭，職場成就與個人理想之間的裂隙拉大。想自立門戶創業者，不是門檻提高，就是利於創業的產業類型轉移並集中到服務業和設計業。

客觀環境上，職場責任制讓上班族的工時無形拉長，但是主觀的個人休閒意識卻逐步提高。職涯出現兩極化現象，要不就是整個投入工作沒休閒生活，要不就是為了維持生活品質而放棄工作企圖心。

公、私生活之間如何取得平衡，成為職場技能顯學。

6 消費欲望無所不在

根據百貨業者發布數字，二〇一〇年十月七日，日本國民服飾品牌UNIQLO首家台北門市開幕當天，約有七千人排隊入場。二〇一一年十一月六日，西班牙平價奢華品牌

ZARA首家台北門市開幕當天，約一萬五千人入場。

經濟學理論要大家消費刺激景氣，消費無罪，購物有理，救國人人有責。平價奢華時尚崛起，更創造出「消費平權化」的假象，造就「我消費故我在」「我很潮故我贏」的普世價值。雖然二〇〇五年到二〇〇六年間，台灣吹起的雙卡風暴讓民眾意識到財務透支的嚴重性，但消費魔鬼無處不在，引誘你花錢。現在連少子化的元兇都指向消費壓力太大，養不起孩子。

智慧型手機要錢，通話費要錢，環島自行車一輛上萬元，好不容易在UNIQLO開幕時排隊擠進去，不多買幾件，時間成本不划算，帶著「穿不到可以網拍轉手賣掉」的熱血心情瞎拚，不小心就花了更多錢。

當消費欲望攀升，錢賺再多也不夠用，薪水再高也都可能變成窮忙一族。

7 隱私和公眾生活界線崩壞

數位記憶革命將我們的生活以文字、圖像、影片、GPS衛星定位等方式記錄下來。即使你自己沒做紀錄，你認識的人或街角的攝影機都隨時記錄下你的行蹤。一旦這些足跡被放上網路，你可能一夕爆紅，但也代表了隱私從此覆水難收。

時常，連你自己都並不想記得的往事卻被朋友往四面八方傳播出去。尤有甚者，數位時代之前的老同學、老朋友、老同事也開始在網路上大開社群網頁，進行尋人活動。

老照片被這些熱情的人掃瞄上網，過去的時光開始「騷擾」現在，每個人都被迫要隨時有心理準備面對各種「有圖有真相」、比你腦中印象還鮮明的數位記憶。

現在連機車騎士都有人在加裝行車紀錄器了，被逼車就上網公開討公道，沒有祕密。

內政部從二〇〇八年起逐年編列特別預算，在全國各治安要點加裝四萬多支監視器。若把全台灣的警察單位、社區、便利商店、銀行等地裝設的監視器數量全加起來，總數已超過一百萬支，也就是每二十個人就有一支監視器緊盯著。

隱私和公眾生活的界線也跟著大崩壞，隨時有人會透過人肉搜索，把你的一切都「起底」，在這個人人熱愛偷窺、政治愛憎分明、情緒歇斯底里的年代，你的過去、現在和未來是否要公開，是否要記憶下來，都已身不由己。

一種熱血，兩種態度

大爆炸、大破、大立，小宇宙世代面對的既是危機，也是轉機。

即將撐起人類大未來的小宇宙世代站在時代的轉折上，最大的利基就是他們普遍勇於追夢，懷抱熱血，忠於自己的愛，期待自由自在的生活。但是，一種熱血卻會呈現兩種截然不同的態度，促使小宇宙們往不同的方向走去，碰撞出多種不同類型的結果。

兩種截然不同的態度，其一是「成」。

如果一個社會擁有千百萬個獨特運行的小宇宙，就應驗了《易經》所說的：「見群龍無首，吉。」因為人人都是可以獨當一面的將才，銀河將繁星點點，文明盛世。

另一種態度是「敗」。

如果一個社會擁有的是千百萬個只崇尚獨善其身的小宇宙，則應驗了俗諺裡的：「群龍無首，不妙。」因為小宇宙各自運行，若長期只是安於小小的夢，自在於小小的內心戲，缺乏成就動機，有感受到趨勢氛圍，卻掌握不到世代關鍵，有想法卻沒方法，想法多卻無法選擇，那麼套用日本趨勢專家大前研一的概念，就是大量跌入「M型社會」的左端，落入敗部。

在敗部中，最淒慘者，莫過於在眾多小宇宙星體擠壓下，遭到摩擦燒燬，或者失序漂浮於天際，放棄自立，成為永遠依附在家庭宇宙裡的啃老族小衛星。

弔詭的是，小宇宙世代的每個人主觀上都握有更大程度的成敗定義權，但是外部社會結構所普遍認知的成敗分野則愈來愈沒有模稜兩可的空間。社經地位成功就是成功，網路人氣也可以用客觀數字檢驗。

這種內、外在價值的大幅落差，會讓小宇宙見識到「即使自認為忠於自己，過著自由自在的生活，社會仍會將你區分為『成』與『敗』兩大類」的殘酷現實，最後也很難不產生自我懷疑。

成也小宇宙，敗也小宇宙。

於是，有幾種小宇宙悲歌奏起，讓我們無法對這些殘酷的事實視而不見。

安於小小宇宙，三種悲劇正上演

只安於「小小」型的小宇宙，會認為只要能自由自在生活就好了。知識經濟下強調美感、情感、遊戲性的「情緒產業」興起，其中最受歡迎的是「工具」「徽章」「安慰劑」三種新型消費，正支撐著小宇宙世代集體享樂的基礎。它們唾手可得，讓小宇宙想過得自由自在，想置身於永恆的暑假，所需的經濟門檻不必太高。

有「工具」功能的網路服務，讓小宇宙覺得不缺朋友，不受時空限制，隨時可以上網找到相互取暖的對象、扮演各種人格角色、抒發寂寞無聊的心情，盡情享受放射和收編的快感。

有「徽章」效果的設計類商品，讓小宇宙覺得自己很獨特，藉由消費行為就能讓自己從外而內顯得品味出眾，購買了一個設計感十足的手機保護套、一輛輕巧小摺自行車，就像為自己別上一枚徽章，被良好的心情包圍起來。

有「安慰劑」效果的服務業，則讓小宇宙得以隨時遁入「理想生活」，走進風格浪漫的個性咖啡廳，住到宛如夢幻生活的五星級飯店，就進入了充滿偶像劇故事性的情境中。

從好處來看，「工具」「徽章」「安慰劑」三種新型消費是小宇宙世代絕佳的理想行業與商機來源（第八章中有完整說明），但另一方面也可能成為小宇宙們逃避現實、沉湎於理想生活幻象的憑藉。因為即使是收入少、成就感低的人，也可以一直透過這三種消費型態滿足欲望，暫時填補內心的空虛感，自得其樂之餘，又充滿自信，自我感覺良好。

於是，有三種「只安於小小的小宇宙」類型普遍出現：

1 千金難買早知道，職場轟然一聲就來

時局變化大，成長經驗趕不上時代脈動，職場壞消息不斷，不禁令人卻步。

大學四年宛如一場夏日派對，熱血！熱血！熱血！有些事現在不做，以後就不會做了！然後冒了一身汗，時間就過了，沒做好心理準備的人，職場轟然一聲就迎面而來。

一旦面臨就業的現實，就有突然被拋入無垠星際的緊張感，心裡開始懊悔，「早知道就早點做好準備」。於是，延畢或報考並不十分想就讀的研究所來拖延畢業時間，成為許多人都曾考慮過的選項。

加上，小宇宙世代的生涯偶像是拼貼來的，建立學習軌道相形困難，學校老師、企業老闆、職場規畫師都很難精準掌握變化和趨勢。即使早就做好心理準備、勇敢進入職場的人，也難免每隔幾年反覆出現「早知道就選別的行業」的感慨，不時心生換跑道、出國唸語言學校、休耕暫停的念頭。

根據一〇四人力銀行於二〇一一年的調查，碩士生會選擇大學後直接報考研究所的原因，只有五成是因為擔心學歷貶值，想提高競爭力。而有近四分之一是因為「同學都在考，所以跟著考」，近兩成則是把就讀研究所當成延後進入職場的拖延戰術。

2 嚮往自由自在，卻落得隨波逐流

飛特族（Freeter）指的是把自由自在看得比生涯發展更重要的工作族，他們大多是大學畢業以上的學歷。

低收入、低成就，有一點錢和很多時間，懷抱著若有似無的夢想，工具、徽章、安慰劑又三種全拿，永遠可以自我感覺良好、自得其樂，真是典型的理想好差事啊！但若一畢業就選擇當飛特族，未來找工作會更難。

有一個三十三歲的飛特族W就是非常典型的例子。

W是外縣市子弟，大學時到台北就讀電機系，把課餘時間都花在玩樂團和連鎖燒烤店打工。退伍之後，他曾短暫出國攻讀碩士，卻因耐不住課業壓力和語言挑戰而中途放棄返台；在竹科擔任工程師半年後，又禁不住台北繁華世界的呼喚，辭掉工作，向家人宣稱要投入獨立樂團打拚，並且回到同一家連鎖燒烤店打工。

W特別享受該燒烤店貼滿徽章的帥氣制服，以及招牌式的吆喝聲，每天都好有活力！微薄薪資就拿來付房租、騎小摺、買衣服、聽演唱會，樂團卻玩得有一搭沒一搭。如此幾年後，開始感到體力不濟，樂團也沒玩了，房租壓力太大，時常需要家裡接濟。前不著村，後不著店，心裡一片茫然，青春熱血之火在風中明滅搖曳。

值得注意的是，二〇一〇年台灣有四分之一的年輕人處在非典型就業狀態下，除了生涯定義改變的主觀因素，客觀職場結構的利空因素也不能忽視。根據行政院主計處在二〇一一年公布的調查數據就顯示，職場薪資結構對部分工時的打工族愈來愈不利。台灣部分工時者每月平均薪資從二〇〇一年的二四、〇三八元大幅降到二〇一〇年的一三、八七九元，近乎砍半。

但是飛特族只要自由自在，在夢幻氛圍下，上述這些總體經濟數字並不太能引起他們深思。

3 懷抱「下流志向」，力抗上游

只做一個工作做到退休的時代早就過了，每個人都面臨工作隨時不保的危機感，「成功術」是台灣職場永遠的顯學。企圖心不強、競爭力不強者，也要有中年失業、

「主管小你二十歲」的心理準備。

以前，「不想當主管」的人生可能被讚譽為樂天知命、與世無爭，但是在格差社會裡，弱肉強食是職場永恆的規則，因為你不選擇競爭，競爭也會主動找上你。「不想當主管」的人生幾乎等同於「懷抱下流志向」，等著讓人踩著你往上爬。

日劇《BOSS 2》裡，竹野內豐所飾演的男主角就是典型的中階主管壓榨基層下屬，他最經典的台詞是：「你們的苦勞就是我的功勞。」聽了真是讓人恨得牙癢癢。

有一位三十五歲的網路系統工程師H就面臨這樣的兩難。他工作認真負責，也受老闆器重，老闆三番兩次想升他為主管，進入接班梯次，但是他多次拒絕，一心一意想要的是週末可以不必被客戶打擾、不必介入公司資源分配的複雜恩怨中。

最近，公司擴編，雇用了許多大學剛畢業的新鮮人，其中有幾位企圖心旺盛，個性耀武揚威。當我提醒H：「你能想像自己四十歲時，被這群小你十幾二十歲的主管呼來喝去、威脅你捲鋪蓋走路的樣子嗎？」他這才開始認真考慮升遷的事，而且愈想心裡愈毛，因為屆時這樣的職場環境絕對會讓他心理很難平衡。

當文憑格差遇上低薪水工作、未完全就業、自願基層職員，就開始出現大批「知識藍領階級」。

文憑品牌差距＋低薪資工作＋未完全就業＋自願基層職員＝大批知識藍領階級出現

這顛覆了傳統「藍領=低學歷」的刻板印象。

二〇〇二年，當過建築工人的新加坡歌手阿杜出道時，帥氣粗獷的嗓音和外型，加上清新的氣質，讓無數女孩對阿杜型的「哲學家修路工」充滿浪漫幻想，希望自己也能遇見一個。現在，成真了，台灣已經有「博士生清潔工」在真實生活中上演，但現實可一點都不浪漫。

機會主義盛行，搶搭快速升降梯

台灣社會的階層流動趨於僵固，人們不再能單純靠讀書出頭天了，於是「機會主義」和「英雄主義」盛行起來。渴望成功的小宇宙試圖攀住僵固結構裡的少數裂隙，爭相搭上快速升降梯，往金字塔的頂端瞬間滑上去。

最典型的是選秀節目和網路明星的興起。

拿一九八〇年代最流行的選秀節目「五燈獎」和現在的「超級星光大道」來比較。過去在五燈獎中過關斬將，拿到五度五關的優勝者會贏得獎金，但他們不一定能擠進演藝圈、出唱片。超級星光大道則發展出一套成熟的影視工業操作模式。節目利用小宇宙世代渴望快速成功的心理，打造一座豪華的快速升降梯。一群青澀的年輕孩子力爭上游，還要忍受被毒舌評審罵來罵去，而在不斷的挫敗中哭來哭去，鞭策自己快速進步。

對觀眾來說，將情緒投射到參賽者身上，相信「素人也可以出頭天」，可以安慰自己「這個社會不是由少數領先集團寡占」，心裡稍稍好過一些。

而這也是擔任PK角色的「黑蜘蛛」常常比正規參賽者更受歡迎的原因，因為他們搭的是「快速升降梯中的快速升降梯」——不循正規管道參加比賽，只要在PK時一舉擊敗正規參賽者，便有機會快速成名。但有趣的是，黑蜘蛛又是一開始就注定失敗的挑戰者，是成就別人榮耀的點綴，因此像歌手蕭敬騰那樣的黑蜘蛛，在比賽時所流下的眼淚特別動人，因為大家都在他身上看到自己「非系出名門」與「懷才不遇」的心理投射。

在參賽者與觀眾的應和之下，便有一種「知己」的氛圍生出。最後，終於拱出勝利者，贏得人氣、獎金和出唱片的機會。

既然搭上快速升降梯不只能通往上流階層，還可以成為明星，滿足內心收編別人的欲望，為什麼不試試看？我認識好幾個年輕人，還真的曾認真考慮過延畢或放棄考研究所，去報名參加超級星光大道選秀。

甘心接受社會的「溫柔推擠」

前面提到「不想當主管」的人生是出於自願，但如果這種「自願」是整個經濟體系設下的規則，就會讓人有更強烈的無力感。

自我感覺良好，安於現狀，使小宇宙世代很容易在中產階級大量消失的現實中，不知不覺自願性地落入社會的底層。

在過去，會落入底層社會多是因為原生家庭的社經地位薄弱，或是遭逢意外變故，非出於自願。但是在小宇宙世代，前面提到的「工具」「徽章」「安慰劑」三種新消費型態構築出一種隱形而龐大的「溫柔拉大」力道，小宇宙因為覺得永遠不缺朋友、自己很獨特、可以隨時遁逃，而在沒有反抗、沒有憤怒、出於自願的情況下，拉大了社經地位的差距。

這也是知識經濟社會最弔詭的陷阱：國家機器不再施加白色恐怖，而是以全新的經濟模型來溫柔地剝削你，滿足你「找到自己」的欲望，最後接受了資本家「你的苦勞就是我的功勞」的運作模式。

二〇〇六年，由於銀行大舉鼓勵預支未來、美化超支消費，台灣掀起「雙卡風暴」。這些卡債的主人大部分未曾意識到信用過度擴張的危險性，於是逐步積欠卡債到龐大而無法償還的地步，並且在近二〇%的循環利息下，成為銀行團長期剝削的對象，無法翻身。

根據「反貧困聯盟」估計，二〇一二年初，台灣仍有近五十萬個卡債族的債務問題沒有完全獲得解決，遭到間接影響的人口達到一百五十萬。

可怕的是，這種型態的金融剝奪模型並沒有因為「信用塑膠鴉片」的核發緊縮就不復存在。金管會規定信用卡的電視廣告至少要加註四秒鐘警語，如花栗鼠叫聲快轉的播音，放在鼓勵消費以刺激經濟的巨大呼聲裡，變成只是澎湃交響樂裡頭的小裝飾音。

欲望深淵怎麼也填不滿，新興的消費經濟模型不會讓人一下子破產，但會讓人長期處在捉襟見肘的窘態中，始終覺得錢不夠用。若一不小心踏出以高額利息向金融機構借貸的那一步，就陷入債務的漩渦之中。

這種溫柔的剝削會讓人偶爾心懷不平，例如在想要生小孩時強烈感到自己生不起；但除此之外，大多數的日子則處在「始終過得去，透過消費就可以彌平階級差距」的錯覺中，自得其樂的同時未能意識到自己實際上已經走上「永恆負債」之路，被溫柔地推擠到社會的邊緣或底層了。

溫柔拉大→出於自願→心裡沒有憤怒，靜靜地接受→懷抱小小志向→落入下流社會這種「永恆負債」的自願性可能在高中時期就被培養出來。學生會為了一支智慧型手機、每月一千多元的電信資費、平價快速時尚服飾等「基本開銷」，而開始自願打工。

二十五至三十五歲正式進入職場之後，已經不再能滿足於學生時期的低消費，此時金融機構開始提醒你，可以使用信用借貸，而一旦開始使用信用卡循環利息的機制，就很容易變成習慣，一不小心就正式進入永恆負債的狀態。

即使是高薪資上班族，其經濟能力也滿足不了無止境的欲望，車子要換更好的，購屋的誘惑也不斷在呼喚。當自己愈感到欲望無法被完全滿足時，就愈需要更高端的「安慰劑」消費來解饞，刷卡出國來個頂級奢華旅館之旅吧！

落入敗部，直到老去無人紀念

於是，一種在資本主義中失序漂浮的小宇宙生命圖像產生了：

高中↓開始打工
大學↓打工時間比唸書時間還長

延畢→抗拒太快進入社會，並考慮當個飛特族
二十五～三十五歲→正式進入「永恆負債」
三十五歲以後→愈來愈難追趕，確定落入敗部，終身窮忙族

最後，還有三種犧牲者，我們不能視而不見——青年過勞死、啃老族、單身貧窮族。

1 摩擦燒煅，青年過勞死

數位化改變時空概念，讓人處在二十四小時日照下。金融海嘯後，「高產能工作」成為常態。失業率高，替代的人就多。「職場競爭力」被無限制膨脹、神話，職場的職能要求也愈來愈複雜，高階經理人永遠懸缺，人才永遠無法滿足高階職位的需求。

企業老闆早就是社會的「領先集團」，工作責任制和非典型雇用都成為剝削員工的絕佳工具與藉口，而最終的贏家仍是老闆。即使大環境氣候不佳讓公司倒閉，許多老闆也已經出脫個人財產，繼續過著享樂的生活。

「工作責任制」明示、暗示「無止境付出」才是好員工，迫使上班族得花更多時間才能證明自己的價值。「非典型雇用制」則鼓勵「用時間換錢」，你一旦缺錢，就必須用更多時間工作、排更多班。

過去，「難度更高的工作」「更重要的工作」「更大的工作量」，意味著老闆在測試你的能力，進而可能給你拔擢的機會，所以，你完成的工作愈多愈好愈有效率，才有機會拿到愈高的薪資。即使不加薪，畫個餅、給個口頭表揚，員工也常會為了升遷而奮不顧身。

但是在金融海嘯之後，這種職場規則已經悄悄被打破。大環境的不確定性，企業傾向用較少人力發揮較大產能，或是寧願多給一點薪水，也不願意聘雇更多人，因為可以省掉勞保、福利、管理等成本。

很多人可能已注意到，在金融海嘯時，許多員工被要求在無加薪之下共體時艱，撐大產能。但是在景氣復甦之後，工作量卻沒再恢復到金融海嘯前的狀態。根據勞委會在二〇一一年公布的數據顯示，台灣有一半（四九．二％）的勞工都必須加班，其中高達一二．三％根本沒有補休或加班費！

客觀環境是一種推力，主觀認知則是拉力，鼓勵小宇宙積極無止境地呼應工作量需求，體力嚴重消耗；如果耗竭了，過勞死便隨時躲在牆角伺機撲上來。

努力的小宇宙世代在早上起床後喝一杯咖啡，中午休息時間來一罐油切茶飲，傍晚補充一瓶機能飲料。醫學研究指出，咖啡因會蒙騙人的疲倦感與飢餓感，無形中也助長了小宇宙體力消耗的速度。小宇宙會認為時間可以自己掌控，為了上十二、十四個小時的班，可以拚命喝咖啡、機能飲品，回家後如果壓力太大無法紓解，就吃顆安眠藥幫助睡眠。藉著破壞自然生理規律，小宇宙建立了一個每天充滿精力的運行規則。

但是，身體會有極限，當體力到了臨界點，小宇宙就在推力和拉力間遭到摩擦而燒燬。以前，過勞死多發生在中年，但現在年齡層不斷向下延伸，「青年過勞死」已不是新聞。

2 弱化為小衛星，不想工作，只想啃老

職場競爭壓力過大，令人懼怕；躲在家吃老爸，安逸舒適。另一種小宇宙悲歌出現，他們找不到理想的職涯，又想自由自在地過生活，在父母親的疼愛下，有些人選擇從「拒絕」或「反社會」之中得到自我價值的確立。

尼特族（NEET）是指未升學、不就業、未參加任何進修課程的青年族群，是自願型失業。我們可以從兩個角度來看尼特族的自願失業心理。

第一，「自由自在」存在著幾個迷思，不會被仔細自我詰問：自由自在到底是什麼？是「無所事事」嗎？自由自在是否也該對自己、對家庭、對社會負擔責任？自由自在常只是懶惰、不想上進的藉口。

第二，人生不是談判桌，拒絕自立、跟生命賭氣，對自己並沒有好處。談判理論提供我們一個心理分析角度來理解尼特族。談判的基本元素是必須有談判的對象、有一個無法忍受的僵局。在談判中，對於手上沒有籌碼的人來說，「拒絕」是展現僅有「權

力」最好的方式，因為能說「拒絕」的人，可以讓談判破局。拒絕工作的人也是假設自己不想工作的狀況是有談判對象的，而「拒絕工作」讓自己握有權力，並從中獲得較好、較有利的條件。

但事實卻是，人生沒有談判對手，拒絕談判的尼特族是在進行一場「假談判」，從中得到自我合理化的藉口。

在這種「假談判」中，尼特族虛擬出幾個談判對象，包括老闆（可能是自己求職碰壁遇到過的老闆，或是心生不滿憤而離職的那個工作的老闆，或是一個「刻板印象」裡剝削勞工的老闆）、父母（愈嘮叨，我愈要和你對立）、同儕（心裡忍不住和昔日的同學進行成就比較）、社會價值觀（反社會傾向，憤世嫉俗）。

若用小宇宙模型來理解，尼特族「拒絕」「賭氣」「放棄」「解脫」的心理，讓他們逐漸失去獨立的基本能力，只能依附於家庭或戀愛對象等經濟提供者，變成一顆小衛星，無法對自己的人生負責，成為別人的負擔。

3 單身貧窮族的未來式

根據行政院主計處二〇一〇年所進行的人口及住宅普查結果顯示，在十年間，每一千人的結婚率從七．六三人降至五．〇七人，單身族愈來愈多，若加上青年貧窮化趨勢、知識藍領狂潮來襲，開始有一幅小宇宙「極樂圖讖」出現。

他們沒有結婚，沒有子女，失去家庭支持系統。他們或許不是不努力，而是被知識經濟體系溫柔地推擠到社會的底層，也或許他們是自願選擇當個飛特族，終身自由自在過日子。

他們受過高等教育，卻一輩子過著月薪只有三萬元的知識藍領生活。他們從二十歲到六十歲都只拿三萬元，或是更少的薪水，但是在網路上卻擁有豐富的人際交往，生活也過得挺有風格，偶爾舉債消費，享受在感情上不斷有曖昧對象。

所以，他們的一輩子生活會是：

◎每個月拿三萬元月薪，並以此為滿足。

◎每天回家看有線電視消遣，附和政論節目上名嘴的批評。

◎無時無刻都可以上臉書窺探前同學、前男友、前女友的生活。

◎固定和線上遊戲玩伴約好，上魔獸世界衝鋒陷陣。

◎永遠將心理年齡凍結在二十五至三十五歲之間的「小孩大人」。

◎身體逐漸老去，五十五歲、六十歲、六十五歲、七十歲。

◎最後，在網路上留下一連串巨細靡遺的足跡，卻無人紀念。

這樣的小宇宙默默運行著，直到，太陽熱量燃燒殆盡。

環顧四周，這一幅幅小宇宙極樂圖讖正在書寫中，並且可能就是你，或是你深深愛著的人。

我們要如何脫困？如何幫助心愛的人脫困？

下一步

找到位置

05 發揮本能，勤練追夢能力

網路化的環境，讓小宇宙世代可以充分發揮放射、合拍、拼貼、收編、旋轉五項本能。
只要懂得順勢而為，就能在一次次的旋轉中成就自己！

我們得到什麼天賦，這份天賦就會替我們的未來開路。我們處在什麼樣的時代困局，時代也必給我們翻轉的能力。

紛亂多變的情勢，讓小宇宙世代的生涯出現了許多陷阱，同時卻也帶來無窮的機會。如何運用時代變局，把本能轉化為利器，關鍵就在於善加利用小宇宙世代的五項運行本能。

這五項本能可以將大爆炸收束到有秩序和系統的邏輯，有效地收歸己用，若運用得當，追夢過程就是一種享受，不只悠遊其中，且不會迷失在享樂的時代氛圍裡。

小宇宙世代的人生宛若太陽系，「自我」是正中央的太陽，向四面八方放射光芒，並利用八爪魚般的龐大能力與魅力，將周遭的一切人、事、物收編為自己的行星和衛星，繞行轉動。

1 放射：主動伸出觸角

放射就是以「自我」的太陽為中心，向外伸出多元觸角，摘取到足夠的零碎知識。射出的光芒愈多、密度愈高、角度愈正確，累積的資料庫就愈大，基礎也愈雄厚。

網路使用者必須主動，不再像過去一樣單純被動地被餵養資訊。現在的思維模式是主動獲得想要的資訊，以互動來達到自娛娛人的效果。

放射就像強烈的購物欲望，不侷限在何時何地，只有存在著欲望，無論上街或上網，念頭伸到哪裡，購物行為就發生在哪裡。

2 合拍：對味與否是關鍵

這麼多光芒接觸到的相關訊息，要如何進行篩選呢？答案是「合拍」。

通常，「合拍」的關鍵是「對味」和「銜接」，也就是「能夠引起小宇宙的興趣，符合小宇宙自己的口味和需求，瞬間觸發揀選出來的動機和興致」。

而「娛樂性」「痊癒感」「主動性」在合拍這個步驟中占了極重要的地位。

◎娛樂性：合拍的過程也像購物，充滿娛樂性和滿足感，而且知識的「購物」根本不必花錢，只需要花點時間選擇，還可以隨時因為喜好轉變而馬上捨棄，充滿主動性，也讓自己有一種獨特感。再者，知識購物可以不管合不合身，有時直接硬買下來了，掛在衣櫥裡也爽。所以，「合拍」的過程非常迷人，因為是在「娛樂時間」，而不完全是「利用時間」。

◎痊癒感：合拍大多來自「感覺」，不完全是理性決定，感覺不錯的瞬間就一下子決定了對不對味。所以，合拍也像「尋找理想情人」，遇到一見鍾情的人會有觸電般的悸動，那是一種發自內在的「圓滿」渴求。因此，我們一旦和碰觸到的資訊合拍成功，也會像在茫茫人海中找到知音，由衷產生痊癒感，甚至欣喜若狂。

◎主動性：「合拍」會有「拼貼」與「被拼貼」的兩端。被拼貼的一方是否被選擇，重點在於他（或它）有沒有「魅力」；而判定「魅力」與否的權力通常是由拼貼的這一方所掌握；也就是放射出太陽光芒的「我」掌握有主控權。

3 拼貼：充滿實驗性的過程

如果「合拍」決定了娛樂性和獨特性，小宇宙「拼貼」能力的高低，就是決定自己能否成功或受歡迎的關鍵。

每個小宇宙都會基於本能和透過學習，發展出一套自己的「合拍拼貼」能力。第一章中提到我的老同事套用別人的PowerPoint檔案格式進行報告，並獲得獎金鼓勵，就是最好的拼貼實例。

用「穿衣品味」來說明拼貼，如果一件衣服不是那麼適合自己，小宇宙又技巧不好，就會硬穿，而顯出壞品味，讓人看了不順眼，甚至一眼就被看出是抄襲別人。至於拼貼能力強的小宇宙則會善用小配件來遮掩或修飾掉不適合自己的地方。更厲害的人還會動手裁剪這套衣服，讓它完全屬於自己。

穿不穿得上去，確實是要一點本事。因此，一旦拼貼得宜，就會很有成就感。

4 收編：適合的就納為己用

「放射、合拍、拼貼」並不是每回都能一次到位。如果不適合自己，很快就會被拋出小宇宙的行星軌道，消失在無垠的太空之中。

能否長期安置在固定軌道，成為固定行星，就必須反覆進行「放射、合拍、拼貼」三個步驟，適度修正和確認，達到真正收編的效果。

收編就像整體造型設計，有時候我們會覺得很奇怪，為什麼買到很漂亮的衣物或配件，但整體搭配時卻始終用不上？比如說，有些人穿了高跟鞋就不會走路，所以買了也穿不上，只能長期放在鞋櫃裡，久了就會被丟掉。此時只有兩種方法，第一是繼續逛街直到找到更適合自己的鞋，第二是開始練習穿高跟鞋走路。

5 旋轉：建立自我運轉的系統

我們可以從一個圖像來了解小宇宙「旋轉」的樣貌：

「自我」為中心的太陽，向外伸出多元觸角，摘取到足夠的零碎知識和人脈，合拍拼貼成行星，經過反覆收編後確認軌道，就如同太陽以龐大的引力往內收斂，使行星或衛星都繞著它旋轉，形成一套獨特而有秩序的系統。行星會「切換軌道」——隨著拼貼動機和魅力消長，行星遭到往外拋離，或是吸引得更接近太陽。

沒有不世出的身材，也能成為不世出的人才

國立台灣體育運動大學競技運動系教授莊艷惠最常掛在嘴邊的一句話是：「沒有不世出的身材，也能是個不世出的人才。」

莊艷惠教授專攻運動心理諮商，近年來中華代表隊出國征戰亞運、奧運，她都是重點奪牌項目的隨隊「運動心理諮詢師」，協助金牌選手在比賽前保持黃金狀態，因為當各國選手實力都差不多時，比的就是韌性、節制，以及積極向上的求勝心。至今，經過她輔導而得到金牌的選手遍及跆拳道、鉛球、男子軟網、女子軟網等多個項目。

莊豔惠說，一般常認為成就偉大運動員的首要條件是「體格」。好的體格就像上帝最上等的禮物，為運動員開闢坦途。她在求學與任教的三十多年間，非常偶然才能在校園裡看到擁有「不世出身材」的學生。每次見到這樣的人，老師們總會忍不住走過去仔細端詳，摸摸骨骼、捏捏肩膀，頻說「太好了」，簡直愛不釋手，很高興能「得天下英才而教之」。例如，她最看好的新明星是鉛球國手張銘煌，身高一九四公分，手掌大如香蕉串，只要輕輕一推，鉛球就呈現完美的大拋物線，屢破紀錄。

然而，「不世出的身材」非常罕見，而「不世出的人才」更為稀有。而且，擁有不世出的身材不一定能成為最傑出的運動員，因為他們不必然具備最佳的運動員心態。最傑出運動員反而有很多是體格中上，但心理強度一流。人類首度跑步橫越北非撒哈拉沙漠的台灣極限運動員林義傑就是這一類。

林義傑的個子不高，但在教練潘瑞根的啟發下，憑著堅強的意志力，超越天賦的極限，讓這個世代在他身上看到一種可以自我突破的夢想實踐樣態。

林義傑說，「就是要堅持信念啦，我跑撒哈拉時，因為水土不服，不斷拉肚子，但還是繼續跑下去，因為我知道只要堅持下去，就不只可以成為自己，還會贏過自己，更能贏過時代。」

若仔細分析莊艷惠口中「沒有不世出身材，卻是不世出人才」的林義傑，就會發現，他所以能成功，不單是橫越了撒哈拉沙漠的單純成就，還在於他善用了小宇宙世代的萬事互相效力哲學。

◎**放射**：積極尋找國際專業極限運動團隊的相關資訊，並探詢合作的可能性。

◎**合拍**：成功橫越撒哈拉沙漠，和「熱血充滿，活力崇拜」的世代特質合拍。

◎**拼貼**：跑完沙漠，自己擔任領隊組團，在北極、絲路等許多艱困的環境繼續留下他橫越的腳步和嶄新的紀錄，然後將新紀錄拼貼進自己的履歷中。

◎**收編**：將「極限運動」收編成自己的招牌，台灣人一想到「極限運動」，腦海中就會出現他的形象。作家三毛在撒哈拉沙漠「流浪尋找自己」的印象過去了，被林義傑所代表的「超越自己」所取代。

◎**旋轉**：形成一套商業模式，行銷個人品牌，不斷有企業樂意藉由贊助他策畫的活動來提升形象；最後形成「個人品牌、企業形象、全民運動」三者相互牽引的良好循環。

在這個小宇宙旋轉體系建立之後，他又反覆釋放出「毅力、勇氣、挑戰極限、提攜後進」等正面價值，讓體系愈捲愈大。他明確表示，希望接下來有更多人能夠超越他！過程中林義傑也遭遇過酸言酸語；許多人對於「企業贊助」更是存有潔癖，看到林義傑和企業合作，會十分不以為然。不過，林義傑將目標設定在推廣運動、提攜後進、成就別人等多個價值上（也就是本書第七章提到的Aim High——緊盯高點），便不在意批評。而且批評愈多，討論人氣愈旺，媒體就愈有興趣，他也得以藉此翻轉為良性循環，不斷推升自己在橫越撒哈拉壯舉後的光環和熱度。

你正在哀嘆自己天賦不夠完美嗎？到體育大學校園望一眼吧！體格比林義傑好的人實在是太多了！但是林義傑就是可以在一個原先十分冷門的運動領域裡旋轉出大成功！

當然，你有自己的夢，可以像林義傑一樣，只要旋轉！

順勢而為，從新趨勢中得到力量

大爆炸的年代，許多人會批評「多工」所帶來的危害和不舒適，於是有幾種顯學出現。第一種要你「關」，關掉與外界的連繫，專注工作或得到充分休息。第二種要你

「丟」，丟掉繁雜的細節，只保留極簡而清晰的脈絡。第三種要你「收納」，把所有大大小小的資訊和雜事都精準收進標示清楚的位置，不讓爆炸滿出來。

這些都不失為好方法，它們的原則都是「逆潮流而行」，抵擋快又猛的趨勢。但是大部分的人都做不到！現在已經不是你要不要選擇「多工」，而是不得不「多工」了。

面對龐雜多元的事務，我們當然必須警覺，同時俐落快速地處理。對小宇宙世代來說，最好的成就方法就是順勢而為，從新得力，從新趨勢中得到前進的力量。時代浪潮下，人的本能就是往前衝去，就好像「上網」在英文中稱為surfing（意為衝浪），要騎到浪頭上，利用浪的推力才能既好玩，又走在前頭，不會有背對眾人的孤寂感。

符合小宇宙本能的「旋轉術」，是既不丟，也不關，更不必疲於奔命於精準的收納。小宇宙反而是要把觸角大量地放射出去，瞬間就決定合不合拍，有效率地進行收編。若瞬間決定不了，就直接收著，旋轉術自會幫你取捨。

我們現在就要來練習，把這些特色運用到「放射、合拍、拼貼、收編、旋轉」五項運行本能中，不管在學習生涯偶像、多工做事方法上，都達到嫻熟順暢。

放射練習

原則：伸往四面八方，訊息到位

關鍵字：勇氣

1 主動放射的同時，避開兩個陷阱

第一個陷阱，別只把放射運用在知識拼貼上，也要學習用來找出生涯偶像的「魔術高點」，才不會「空有身材，不是人才」。所謂的魔術高點，就是這些生涯偶像背後所信仰的「價值」，是他們顯得獨特的原因。學習他們的價值，你也才會顯得獨特，而不流於只嚮往他們外表的形象。

第二個陷阱，「數位史前世代」不只不要心懷抗拒，反而更要學習放射能力，有效運用數位工具。雖然一開始會感到不舒適而想要關閉手機、不玩社交網站，但只要克服排斥慣性，一旦上手，便能陶醉其中，否則，自己很快就會被時代汰舊掉，也容易因為自己的不舒適就固執地認為數位活動有害學習和工作效率，要求自己的小孩和下屬減少放射量，而造成親子或管理代溝。

2 善用別人和自己的「吉光片羽」

在微網誌「一四〇字限制」的年代，大家都變聰明、更幽默、反應快、有創意，閃爍著吉光片羽式的光芒與慧黠。

所以，在電腦上開一個資料夾，把自己覺得雋永、有趣的文字和圖像統統儲存下來，別讓這些吉光片羽在網頁上閃逝即過。尤其是自己寫過的小短言，最能代表自己即時反應的點子，特別要剪貼留存，在適當的時機把這些零碎化的「點子」完整、有邏輯地再表達一遍，這樣才算是真的有料、有體悟。

表達的方法有兩種：一、把雋永句子和圖片集結起來，貼在部落格上。因為部落格的調性是「可以隨時微調、改寫文章」，練習把它們改寫成五百字至一千字有邏輯的文章，中間穿插圖片更好。二、每週把自己和別人的MSN聊天內容，混合拼貼成有主軸、條列式的文章，以對話方式呈現也不錯，因為朋友聊天的內容常常是在討論或辯論問題，整理關鍵對話，可以訓練自己的邏輯爬梳與辯證能力。

3 建立資訊蒐集的有效路徑

◎只要是你感興趣的網站、部落格、文章網頁，全都加到「我的最愛」，讓自己可以在匆忙的速度中，掌握隨時回頭去看的機會。

◎只要是喜歡的名人臉書，不必猶豫，就對「粉絲網頁」按下讚，觀察他的一言一行，檢視他、學習他是如何捲出龐大宇宙。

◎固定長期閱讀至少兩本以上的雜誌。雜誌通常是記者、編輯等專業新聞人經過好幾道程序精淬過的資訊。長期閱讀同一品牌雜誌，除了可以有效率地吸收訊息，也可以學習專家團隊收編知識的方式。若有空，你甚至可以學習回溯記者引述資料的源頭，觀察記者如何精準消化和運用這些訊息。

◎善用手機拍照功能，看到喜歡的景物或文字就直接先拍下來，把自己當作〇〇七情報員一樣蒐集情報，有圖有提醒。

◎利用Dropbox網路硬碟、Picasa網路相簿等雲端儲存庫，走到哪裡，資料跟到哪裡。步驟很簡單，到這些網站申請一個或數個帳號，就能享有免費空間。儲存庫還可以分割成數個資料夾，各自設定是否對外開放，若選擇為不對外開放，就是私密儲存空間。儲存庫也可當作資料分享結點，遇到有e-mail無法寄出的大型檔案時，就上載到雲端，供特定對象下載。

4 規定自己要接觸不特別感興趣的網頁和資訊

網路時代是由讀者掌握資訊的主動點閱權，但閱讀慣性作用之下很容易造成偏食。為避免有益於己的知識成為漏網之魚，就要挑戰自己的慣性，並藉此培養接觸「陌生」的勇氣。

◎每當搜尋引擎跳出成串搜尋結果時，至少要點閱一、二個你第一眼並不對味的網頁，衝撞自己的搜尋習慣。如此做，你會發現有許多資訊寶藏都藏在你常忽略的地方。

◎每週至少閱讀一次紙本的報紙，把第一落的新聞從頭到尾全部讀完，強迫自己吸收當前最重要的消息，並觀察為什麼有些新聞被放在顯眼位置，有些則小篇幅處理。

◎到書店、咖啡店、美容院等地方，就翻閱自己平常興趣缺缺的書籍和雜誌。反正閒閒也是殺時間，而花了時間讀過的知識就是屬於你的。

合拍練習

原則：掌握瞬間感動，心意接軌

關鍵字：不要消滅內心的感動

1 反覆練習，加快瞬間合拍的速度

王貞治是日本棒球全壘打紀錄保持人，擁有異於常人的「快眼」，當他看到球從投手的手中飛進打擊區時，不管實際球速有多快，在他眼中，球總是像「慢慢地飛過來」，從容決定是在揮棒打擊。有次中華電信董事長呂學錦當面請教他，王貞治回答：「雖然不是每一球都是如此，但有高達六、七成的球的確是慢慢飄過來的。」

王貞治練習的方法是，從小時候開始，搭火車時就固定要跑到最後一節車廂外面，眼睛緊盯著鐵軌上的枕木，利用火車開動後速度逐漸加快的原理，從慢到快，緊盯著每

一根枕木都不放過，愈練習眼力就愈好。

莊艷惠教授分析，這種故事聽起來很神奇，但其實優秀運動員都可以透過反覆練習，自我訓練出這樣的精準和冷靜。瞬間合拍的練習就像王貞治的「快眼」一樣，掌握自己特有的「快速」與「對味」，練習久了就能精確。

2「停頓兩秒鐘」，提高精準度

在愈有把握的領域，人反而會因為太有自信而容易出錯。所以對於自己很有把握、很對味的項目，反而要特別提醒自己「停頓兩秒鐘」再做決定，以提高精準度，建立效率。

在一群過度熱血的人當中，多一絲冷靜的人就能獲勝。面對相同專業能力的競爭者，多下一分確認的功夫，就多一個出眾的機會。

3 養成習慣，建立模式

反覆操作前述的「放射練習」，養成習慣才會變成是自己真正的能力，形成自己感到最舒服的操作模式。

讓自己時常處在飢渴中，不要忘記知識合拍帶給自己的娛樂性和感動力，就像賈伯斯的名言：「求知若飢，虛心若愚。」（Stay hungry. Stay foolish.）在「虛心若愚」的前面是先要「求知若飢」。利用饑渴，才能翻轉情勢，不斷更新、進步。

所以，別再學綜藝節目上那些「我不知道，那時我還沒出生」的話術了，而是要說「我不知道，可以告訴我嗎？」因為「我還沒出生」等於是對知識者的迂迴攻擊，也是對自己無知的自得其樂。只要開口虛心請教，你就容易合拍到能幫助自己的良師益友，建立正面的人際網絡。

4 資料夾只要大致分類即可

一直掛在網上卻無法離開，常讓自己覺得沒有效率。剪貼資料可以讓自己避免沒效率、浪費時間。亦即，在電腦上開一個讓自己覺得「辦正事」的主視窗，還有一個隨時可以剪貼的Word檔、圖片檔案夾。當你看到對味、合拍的東西，就可以隨時剪貼或複製，成為資料庫。

雖然理論上網路無涯，隨時可以搜尋到相同、甚至更新的資料。但是你現在對味、腦海裡有印象的資料，下次卻不一定查得到，因為網頁可能已經遭到移除，或你根本忘了有過這樣的對味與合拍經驗。

反正，現在外接硬碟容量大，又便宜，只要有瞬間感動的資訊就直接複製剪貼，不必花很大的力氣去分類，而且是要憑直覺分類。至於自己存有哪些資料，大略有印象即可。

拼貼練習

原則：大膽排列軌道，豐富素材

關鍵字：確認真愛

1 快速放入資料夾

剪貼或下載的資料，只要略微分類，甚至不分類，主要是為了：一、不本末倒置，浪費太多時間在收納資料上。二、現在的電腦軟體關鍵字搜尋功能很強，圖片在資料夾內可以顯示為小圖示，更是一目了然。三、訓練自己快速分類的判斷力，就像王貞治判斷能否揮棒的好球、壞球一樣。

以我自己為例，幾年前我開始練習數位攝影技術時，PCuSER電腦人文化出版社社長張雅惠曾寄了幾張攝影入門工具書的圖解說明給我作為精進的參考。當時我直接開了一個資料夾，命名為「雅惠傳來檔」。以後我很自然地就把在網路上看到的圖片也都下載到這個資料夾裡，這個資料夾變成是「有趣的」「有意思的」「第一眼就對味的」圖片庫。

2 不定時檢視資料夾

只要有空，我就會回頭檢視這個資料夾，它可以：

◎永遠提醒我，這是張雅惠幫助我養成儲存相關圖片庫的好習慣，感謝她。

◎這些被我對味、合拍，並等待拼貼的圖片，以包裹的形式，整合成一個安放在我小宇宙軌道中的行星，有空時就切近軌道看一下，放鬆心情，也可以隨時找到我需要參考的圖片。

◎透過檢視，可以很輕易地從資料夾看出自己習慣性第一眼瞬間就決定、喜歡、合拍的圖片品味脈絡與共同點是什麼。從這種品味之中，自然會產生靈感，並進一步形成屬於我自己的有效拼貼、收編和運行邏輯。

◎我會透過檢視，從圖庫中發展出幾個觀點，或是找出這些圖共同的元素，破解圖像創作者的語彙，形成我自己的美學趨勢觀察基礎，當成寫作趨勢、評論或藝術時尚專欄的素材。

◎我會得知自己比較「偏食」哪些風格的圖片，知道自己的局限之處，這反而讓我下次在瞬間對味時會提醒自己要更寬廣，打破慣性。

收編練習

原則：賦予獨特意義，收歸己有

關鍵字：成為別人的祝福

1 學習「從有到有」的原創性

過去我們對於「創意」的定義都是「從無到有」，無論是寫報告、構思企畫案、拍電影，都要創造出全新的內容才會被認為是有創意。但既然小宇宙思維已經躍上主流，對「創意」的定義也要調整成「從有到有」，從眾多自己搜尋到的資料和圖像中萃取出精華，賦予自己獨創的觀點，如此這些資料才能真正被自己收編，展現出原創性。

要怎麼做才能發展出自己的原創觀點？關鍵在於「萃取關鍵字」。例如，看過一篇論文後，自己要能夠以精簡的字句歸結出這篇論文的核心精髓，並列舉出哪些段落是論文的精華，如此，你就能直接引用這些段落，並進一步用自己的觀點來詮釋它。

面對圖庫的做法也一樣。例如，看過一組圖片後，自己要能明確做到「以文字描述圖片」「從描述中萃取出核心關鍵字」「牢牢把握住關鍵字，串連成自己獨特的邏輯」三個技巧。

2 大膽捨棄龐雜枝節

愈是圖像化的世代，文字的訓練反而愈形重要。有萃取關鍵字的能力，才能主動制訂規則，將龐雜的事物反覆內斂，讓它們變得有縱深、有層次、有秩序，從而讓一切都在自己的掌控中。

經過萃取後的資料，也很容易看出來是不是自己真正需要的。如果不適合自己，即使這份資料有多麼精采，都算是枝節，可以先大膽捨棄，留在資料庫裡，下次再利用。萃取過後的「關鍵字」也可以協助更有效率地進行下一波資料搜尋。

3 預防不慎抄襲

建立零碎資訊的資料庫，還有另一個好處，就是當你要使用什麼樣的元素和語彙時，會知道出處，可以在拼貼、挪用時記得標明出處，避免不小心直接抄襲，也會提醒自己要再查證一下不放心的資料。如果單靠腦海中的印象來應付大爆炸，可能會出現對別人的圖像、旋律、文字有印象，但又不小心以為是自己原創的尷尬狀況。

建立自己的資料庫，也可以保護自己的智慧財產權不被惡意侵犯。許多高竿的記者、作家、設計師甚至會在作品中「埋針」，也就是藏著自己特有的邏輯和符號，當發現別人抄襲時，手上就有王牌來指證。而這些「埋針」也常是鑑定專家判斷作品真偽的關鍵參考。

旋轉練習

原則：萬事互相效力，成就自己

關鍵字：相信，盼望

1 確立自己的旋轉主軸

萃取過後的「關鍵字」可能會有很多個，最後要做的就是把這些關鍵字串連起來，變成報告或企畫案的主標題，然後在核心概念下加以發揮。

這套萃取關鍵字的做法甚至可以利用來進行生涯規畫。在面對自己的生涯偶像時，可以設法將他們吸引你的特質萃取成關鍵字。例如，許多人看到蘋果電腦創辦人賈伯斯的故事時，會從他身上萃取出「創新」「美學橋梁」「有勇氣」等自己認同的關鍵字，然後在自己做決策或與人交談時，都試著以這些「關鍵字」為準則，探索這些關鍵字落實到生活、內化成自己的各種可行模式。

盡量發揮創意，把「關鍵字」這件事做得很有趣，引導自己的生活大小事都繞著這個主軸旋轉。例如，「創新」「美學橋梁」「有勇氣」等關鍵字可以貼在電腦桌面、貼在書桌前、貼在家門口、貼在日誌簿內頁、請喜歡的對象（女友、小孩都可以）錄音下來設定為來電鈴聲；找一首符合這個關鍵字精神的歌曲，當成自己的「主題曲」，放在隨身聽裡，每天出門上班、上學的路上聽一次。

這就像許多人旅行時會設定一個主題。如果主題是「血拚」，落實得徹底的人會讓旅程從購物商場、博物館禮品部、餐廳真空包裝禮盒區、機場免稅店、飛機上的免稅商品推車、國外便利商店，無時無刻都在精心購物；而且不只買給自己，還買給家人朋友。東西沒買齊，還會為自己立下「錢省下來，正好當作下次的機票錢再來買！」「我將再來！」等豪情壯志。

就把人生當成一場「有主題」的熱血旅行吧！

2 反覆練習以關鍵字思考

反覆練習以關鍵字來思考自己的生涯發展（詳見第七章有關「三A旋轉法則」的說明），大至人生新境界，小至下次的報告如何寫得更好，做到有效管理，隨時檢視處境，回顧初衷，展望未來，並從中找出總是會遭遇到「卡卡」的地方，突破它。沒有突破，就表示阻礙下次照樣會出現，會變成你一生的絆腳石。

不管是夢想、愛、愛情都可以旋轉，旋轉會出現幾個流程，查看你每次都是在哪個階段覺得「卡卡」的，然後轉順它。

3 參加比賽，贏得真正的「徽章」

教育改革之後，許多教育家對「比賽」抱持排斥的心理，認為學習就是要享受樂趣，比賽則會帶來壓力，這有點把自己和孩子放在溫室裡了。人類是追求成就感的動物，每個人都需要有具代表性的徽章，對自己有個交代和肯定。參加比賽是為自己贏得真正的徽章最直接的方式，即使沒有得到名次，也會學到經驗，知道自己的能力大約在哪裡，而不只是單單想透過「消費」來得到「彷彿置身理想情境的徽章」。

參加比賽也是練習旋轉的機會。台灣是個「獎項之島」，有各式各樣的比賽。參加比賽有四個明顯的好處：

◎**得到徽章**：每一個獎項都能為自己的履歷表加分，一張一攤開就明列許多獎項的履歷表，絕對是吸引人的。

◎**增加自信**：獲得獎項的肯定，就會有自信。評審會有偏好，得獎的作品不一定是最好的作品，但也絕對不會是壞作品。你如果是比較另類創意的人，只要夠好，可以獲得入圍，那就已經證明自己的能力了。

◎**從比賽中學習溝通**：許多很特殊的點子確實令人眼睛一亮，但不管是設計商品、音樂或科學論文，最終還是必須得到他人的共鳴和合拍，而參加比賽可以讓你學習讓自己的點子更容易獲得共鳴。這不是要你「從眾」，而是必須了解，單單「自爽」或「自我感覺良好」的作品往往只能當個人興趣，遇到瓶頸就容易放棄。

◎**拓殖新境**，探索極限：大多數人會有惰性，容易耽溺於現狀。參加比賽是要求自己一定要達到更好的過程。如果你平時的作品只有七十分，為了參加比賽，你會努力把自己的九十分、一百分激發出來。過程可能很辛苦，你也勢必會面對眼高手低的挫折——明明覺得自己可以做到一百分，實際做出來卻只有八十分。但這就是練習，你學會只要把標準放在更高的地方，就會激發自己往高點走。另外，參加比賽可以提高作品內容的集中度。你會為了參加比賽而在短時間內將自己最好的一面全激發到一個單件作品上，讓它的結構更扎實、更符合邏輯、更精準、更具有廣度和深度；一般人在平時的作品中很少要求自己達到這樣的程度。

參加過激烈競賽的人會了解到，懷抱機會主義，幻想搭上快速升降梯一勞永逸，並非那麼容易。夢想實現的過程很有挑戰性，但也會很快樂。打電動玩具要打到「破關」，就是人類不服輸的本能。你的快樂是來自於挑戰，挑戰是要讓你更拉大格局和潛能。

「放射、合拍、拼貼、收編、旋轉」這套小宇宙世代的思維模式如何再進一步發揮，用來規劃生涯、實踐自己的夢想？下一章將解析一群小宇宙世代先行者的經驗，揭開箇中訣竅。

06 先行者開路，小宇宙新顯學誕生！

想要成就自我，光憑熱血是不夠的。
已有愈來愈多人從新的時代趨勢中得到力量。
這些先行者在人跡罕至的新領域裡塑造了個人品牌，
做到贏者全拿！

英國搖滾歌手史汀有一首歌〈紐約的英國人〉，歌詞描述一個英國人生活在紐約，自覺與美國文化格格不入。他不要咖啡，喜歡喝茶；他的吐司只要烤一面，他一開口別人就聽得出英國腔；他覺得他的英國紳士作風並沒有不好（甚至更好），因此有了一種孤獨，稱呼自己是「合法的外來者」。最後史汀唱道：「做你自己，別管別人怎麼說！」（Be yourself no matter what they say.）

獨一無二的天賦，會讓我們老是覺得和別人不一樣，而除非你接受這種獨特，成為自己，實現夢想，才能過著真正自由自在的生活，否則，永遠無法避免反覆徬徨在迷惑之中。

等式　天賦＋現在的處境＋愛＝夢想中的自己（尋找的自己）

過程　現在的自己→夢想中的自己→自由自在的成功

不過，小宇宙世代的選擇實在太多了，上述的等式和過程容易變得複雜而迂迴。可喜的是，已有一些人實踐出這個等式，他們都是異軍突起的先行者，勇於追夢，充滿熱血，過著理想的生活，他們成功的關鍵都是把「天賦」和「時代」這兩個禮物用「愛」結合起來，順勢而為，從新得力。

他們也善用小宇宙的運行原理，將模糊不具體的「愛」透過旋轉的離心力，把不安與不確定感甩出去，確認自己懷抱的是「真愛」。完全的愛讓他們擺脫追夢時的不安與恐懼。他們從事的職業也包括了大家普遍喜歡的「工具、徽章、安慰劑」（見第八章說明）。他們跨越年齡界線，勇於揭露自己，放射旋轉、合拍拼貼出頭天！

與大企業家或高薪上班族比起來，小宇宙先行者不一定是世俗眼光裡的最成功，但是他們卻是忠於自己的世代先行者，也是多元成功的先行者。

每一個夢想都沒有想像中容易，但又比想像的還容易。本章介紹幾位成為自己、實現夢想的小宇宙先行者，了解他們成功的特質與訣竅。

贏者全拿的小宇宙先行者

1 從部落客到創業家的Mr.6劉威麟

Mr.6劉威麟是在資訊流經濟體中，從無到有、迅速崛起的部落客代表人物。

他從二〇〇六年開始進行網路寫作，二〇〇八年以自己的個人品牌「Mr.6」為名成立行銷顧問公司，短短五年內晉身知名度最高的部落客，並被主流媒體封為「網路趨勢觀察家」。

他將天賦和時代結合，不管是部落格寫法，或吸引讀者變成網路明星，到經營公司等面向，都充分發揮了小宇宙的「放射、合拍、拼貼、收編、旋轉」五項運行本能，而且愈轉愈得心應手。

仔細分析Mr.6文章的寫作方式，就和本書第二章中所提到「拼貼一份報告書」的步驟一模一樣。

每天早上起床後，他會上網迅速搜尋當日的國際科技新知，並以最短的時間擇定要引用哪一篇報導；然後就去洗澡、吃早餐，利用這段時間一邊思索要拼貼報導中的哪一段內容，把生硬的資訊轉換成一般人懂的語言，並賦予自己的觀點，而這個觀點必須是自認為很獨特的「巧思」。

接著，他利用白天工作的空閒時間，迅速編譯英文資訊，並把自己的推論與觀點寫出來，稍微順一下邏輯，就隨即貼上網。

這個勤耕不輟的好習慣，讓他的部落格在短短幾個月內就爆紅，引起主流媒體注意，邀他寫專欄，迅速從網路分眾讀者群中一躍成為大眾閱讀的新明星。

「一開始，我只是想試試看能否像美國部落客邁可．艾林頓（Michael Arrington）在TechCrunch網站筆耕一樣，單單靠寫作便月入八萬美元，所以用了不同的暱稱開了牛肉麵美食品評、親子教養、科技新知等三個不同主題的部落格，」劉威麟說，自己原先最看好在台灣人「瘋美食」的文化下，牛肉麵評論會受歡迎，但沒想到反而是科技新知文章的反應最好。而且因為本名劉威麟的諧音是阿拉伯數字65210，他乾脆把暱稱取為

Mr.6，這種創意手法也和喜歡解讀數字密碼的科技類網友對味。

為了讓自己的寫作更快速順暢，Mr.6自我訓練出最有效的放射和合拍技巧。初期，他花很多時間在美國《紐約時報》和《華爾街日報》等新聞網站上搜尋最新消息，「過程就像偵探，會因擔心找不到適合的資料而充滿焦慮和壓力」。但很快地，他就發展出一套迅速搜尋到資訊的方法，並訓練出自己的敏感度，瞬間就能判斷接觸到的資訊是否合用。

有趣的是，像他這種快速合拍拼貼的寫作模式可以很快累積內容與人氣，卻也最容易被檢驗；只要有任何資料上的編譯或引用錯誤，就會被揪出來，在網路上放大傳播。所以，雖然Mr.6是台灣到目前為止最成功的部落客，卻也是遭受批評最多、最激烈的一位。

這就是「從無到有」型小宇宙先行者最容易遭遇的難關。讀者很分眾，網友要不就很喜歡你，要不就極端討厭你。劉威麟說，網路上對他的攻訐和批評甚至嚴重到「付諸行動」，就有人曾去國稅局檢舉他開班授課的收入可能沒報稅！

一直到今天，只要上網以「Mr.6」為關鍵字搜尋，都可以看到網友批評Mr.6行銷顧問公司的文章就排在搜尋結果的前幾位。

他的行銷顧問公司位在台北市東區的辦公大樓內，面積不大，採開放式空間設計，連三間會議室都是由透明玻璃隔出，燈光分外明亮，即使有四十五名員工也不覺擁擠，甚至充滿溝通透明化的雀躍感，像極了網路上的眾聲喧嘩氣氛。

　　他自嘲寫了十二本書都沒紅，寫部落格卻紅了。在網友極端的反對裡，他反而因為阻力而確立了自己的信心和真愛，並透過每天不間斷的快速寫作，堅持讓自己的故事有一個幸福快樂的結局，他說：「人生就是要有反對者才有意思。」

表五　Mr.6的部落格小宇宙

目前身分	知名部落客，米斯特六公司總經理
成就特性	從無到有型
成功的特質	**定位**：將Mr.6個人品牌操作為「科技趨勢」的代名詞。 **過程**：上班族轉型→網路明星→創業 **天賦**：外語能力，思考快速，電機與管理雙碩士，小留學生時期訓練出來的耐批評個性。 **時代**：搶搭上台灣第一波部落客崛起風潮，在網路工具快速翻新之際，迅速跨越到臉書、**App**等新載體。 **特色**：快速、個人風格的書寫，勤耕不輟，樂觀看待嚴酷的網友檢驗；在批評聲浪中，不斷確認寫作為自己的真愛。 **個人核心價值**：「豐富」。人生會做很多事，有對有錯，要讓做對的事占愈來愈高的比重。

成功的特質	**目標**：做到「行銷革命」，把網路的各種行銷模式都納入自己的事業範圍，幫助客戶以最低的預算實現「網路是窮人的原子彈」夢想。 **致勝關鍵**：從十四歲起就養成天天寫日記的習慣。認知到網路就是「讀者要不就很喜歡你，要不就極端討厭你」，緊緊抓住得來不易的機運，堅持住，適度調整，不停寫下去。
實用的訣竅（部落格寫法）	**放射**：摸索到在漫漫網海中最有效率搜尋到資料的途徑。 **合拍**：反覆訓練自己的敏感度，瞬間決定自己要的資料。 **拼貼**：編譯和引述資料中對自己最有用的段落。 **收編**：趁洗澡、吃飯等空檔思考，賦予資訊觀點，下一個別具巧思的結論。 **旋轉**：順過文章邏輯，貼上網路，成為部落格中的一顆小行星，吸引讀者閱讀與回饋，轉動出Mr.6的小宇宙體系。
給讀者的建議	**給小宇宙世代**：所謂「熱情」，是要連洗澡、吃飯都會一心一意掛記著。 **給非小宇宙世代**：積極面對資訊大爆炸，不要想自我隔離；孩子愈早資訊化愈好，因為資訊化的風險若和優點比起來，實在是太微不足道。
相似的先行者	**女王**：兩性關係部落客，已出版《女王力》、《愛自己：我愛你，但是我更愛我自己》等書，登上博客來網路書店、誠品書店等通路的暢銷排行榜。 **宅女小紅**：生活瑣事碎碎唸部落客，幽默的獨創語彙，被譽為最具紓壓效果。出版《宅女小紅的胯下界日記》、《宅女小紅的空虛生活智慧王》等書，並在書中直接使用網路「火星文」等特殊語法，簽名會上讀者參與踴躍。

花猴：分享快速平價時尚服飾穿搭心得，合拍到上班族女性的需求，進而出書，和網拍服飾品牌合作。

FashionGuide：彩妝行銷平台，善用集體智慧，開設「爛店開罵」專區，收編網友們的使用意見，變成龐大的市場調查大隊，作為平台發展的利基。

2 為台北愛樂收編新群眾的吳宗祐

吳宗祐是讓台北愛樂管弦樂團獲得大眾熱烈迴響的關鍵人物。他掌握小宇宙世代特質，擔任跨領域橋梁工作，把非古典音樂迷聽眾引導進劇場，也使台北愛樂管弦樂團成為「古典音樂大眾化」的代名詞。二〇一一年起，他進一步致力於讓古典音樂走入弱勢兒童的慈善計畫。

二〇〇六年，原先主修美術的吳宗祐從英國取得藝術管理碩士回台，以古典音樂門外漢之姿進入台北愛樂擔任行銷工作。不了解古典音樂不但未阻礙他，反而成為利基，可以站在非樂迷的角度來看市場大餅，而將行銷定調為「不分食既有聽眾，轉而開發新群眾」。

他將天賦和時代結合，不管是工作心態、行銷手法、跨業轉行，都使用小宇宙的「放射、合拍、拼貼、收編、旋轉」五項運行本能，格局愈捲愈大。

仔細分析吳宗祐的操作方式，最關鍵的是「合拍」，將古典音樂與最夯的網路話題結合在一起，辛苦經營二十二年的台北愛樂在他手上一年內即轉虧為盈。

首先，他上網瀏覽BBS、部落格等論壇，發現以大學校園交響樂團為故事題材的日劇《交響情人夢》正被熱烈討論；然後，他迅速嗅到誰才是該議題的意見領袖，主動和對方接觸，一同研究以日劇為主題開音樂會的票房潛力，然後透過意見領袖的影響力，進行網路連署，確定可以收編到足夠的聽眾購票入場。

接下來就是拼貼。他同樣利用網路舉辦曲目票選，將人氣曲目拼貼為音樂會的演出內容，也營造出聽眾參與的氣勢。《交響情人夢》音樂會公開售票後，兩千張門票在三天內銷售一空，許多人不得其門而入，台北愛樂因此決定加碼進行戶外轉播。這不只成功收編了日劇迷，還創下台灣本土樂團前所未有的票房紀錄。

為了讓這套做法成為可複製的商業模式，吳宗祐緊接著嘗試收編文學群眾，開了村上春樹音樂會，演奏這位日本作家在小說中提及的經典曲目，吸引村上迷。

為了紀念被傳言是「同志」的音樂家柴可夫斯基，吳宗祐特別選在台北同志大遊行之後，舉辦「同志愛革命」音樂會，在宣傳海報中將提出「革命尚未成功，同志仍須努力」的國父孫中山肖像和水手服拼貼在一起，擺在捷運、計程車隊、同志遊行、同志酒吧中大力放送。效果也是一魚兩吃，不只為音樂會宣傳，也同時為同志權益發聲，收編了不少同志群眾。

「後來我遇見一位企業家，他興奮地說，自己本來只是『盡義務』陪太太去聽音樂會，沒想到現場樂迷反應那麼熱烈，實在是太棒了！從此這位企業家也愛上古典音樂，」吳宗祐說。

二〇〇九年，吳宗祐轉任古典音樂雜誌《MUZIK謬斯克》集團執行長，跨界複製這套商業模式。他以極低的成本創刊《MUZIK 2》雙週報，請來兩性、青年、星座等議題的作家跨刀寫專欄，免費派送到各大書店與連鎖咖啡店，成功打進年輕族群，拓展《MUZIK謬斯克》知名度，大幅改善集團營收，並以此作為雜誌二〇一二年改版向年輕讀者靠攏的風向球。

二〇一一年，吳宗祐再挑戰更難的ＮＧＯ（非政府組織）工程，成立「愛樂種子，Sistema Taiwan」平台，進入育幼院組織古典樂團，採用和世界展望會類似的「指定捐助計畫」來串起捐助者和受助者之間的關係，讓古典樂迷與扶植計畫對上線。

「在不斷克服挑戰的同時，也將人生價值不斷上調到更高遠的層次，應該是我在短短五年內就可以做這麼多事的主因，」吳宗祐下結論。

表六　吳宗祐的商業模式小宇宙

目前身分	台北愛樂管弦樂團顧問、謬斯克藝術管理顧問公司執行長
成就特性	扮演橋梁型
成功的特質	**定位**：將古典音樂的感動推廣給新族群，使聽眾得以藉著音樂發現通往自己心靈的抒情路徑。 **過程**：古典音樂門外漢→成功行銷→可異業複製的商業模式。 **天賦**：藝術鑑賞力，樂於分享，善於溝通連結。 **時代**：網路上各種興趣的同好會群體，他們對嗜好的熱情已經外溢到對相關議題都充滿興趣。 **特色**：嗅到流行走向，找出意見領袖，共同搭起橋梁，讓潮流與潮流相互合拍，形成加乘的能量。 **個人核心價值**：「分享」。轉換固有思考模式，拋棄「接近群眾是勉強放下身段」的心態，改以「打造音樂多元風格」來解釋轉變，就不會覺得自己是在對現實低頭、背棄立場，而進一步成就更多的人。 **目標**：做到「利益眾生」，把音樂的力量化為愛心的力量，使弱勢兒童也能藉由音樂得到安慰和提升。 **致勝關鍵**：把企業工作內容視為「社會公共財」，跨領域合作時想的是相互成就，讓合作者因彼此認同而卸下心防，主動參與付出。

實用的訣竅（跨界合作技巧）	**放射**：深入了解網路論壇動態和趨勢，接觸意見領袖。 **合拍**：找出和戲劇、文學、性別等流行趨勢結合的關鍵相似點。 **拼貼**：蒐集網路群體的意見，將該族群真正喜歡的曲目整合成音樂會表演內容。 **收編**：利用群體熱情，營造音樂魔幻時刻的體驗，讓他們願意不斷走入劇場。使「古典音樂大衆化」成為台北愛樂管弦樂團的招牌。 **旋轉**：形成可複製的操作模式，包括日劇《交響情人夢》、村上春樹小說、同志族群等，在不同行業也行得通。
給讀者的建議	**給小宇宙世代**：想做就去做，才會知道自己的限制在哪裡，確認自己是否是真的熱愛。 **給非小宇宙世代**：充分支持自己的孩子，讓他發揮。不要一味地呵護他，而是讓他有被支持的安全感。
相似的先行者	**胡永芬**：藝術策展人，使用和拼貼相似的「諧擬」藝術手法為主題，和一般大衆喜歡kuso（惡搞）的興趣對味，策畫《派樂地》展覽，使藝術展覽更親民。二〇〇八年在台北當代藝術館展出期間，善用網路集結群衆，兩個月內創下五萬人次參觀人潮，週末單日甚至曾高達四千多人次，打破該館紀錄，也寫下當代藝術展覽要大排長龍才能入場的盛況。 **Pizza Cut Five**：服飾品牌，幫助老品牌餐飲連鎖「鬍鬚張」、中草藥廠商「十八銅人行氣散」潮化，讓老商品合拍上設計時尚風潮，有了新形象和新話題。 **雲惟彬**：二〇〇八年創辦以「時間軸」概念為介面的微網誌社群網站Plurk（噗浪），掀起台灣政治人物設立個人微網誌帳號和民衆溝通的熱潮。

3 兼顧現實和所有夢想的吳柏蒼

吳柏蒼擁有多重身分，最知名的是台灣獨立樂界「回聲樂團」主唱，他擁有既野性又甜膩的嗓音，舞台上爆發力十足，包辦詞曲創作。

他也是創業家，二〇〇七年架設網路音樂下載平台「iNDIEVOX」，是台灣最大的獨立音樂商店。而且，iNDIEVOX資本額五百萬元，開張一年半就損益平衡了。二〇一一年底，舉辦過「簡單生活節」、擁有「街聲」（StreetVoice.com）網路平台的「中子創新文化」公司決定砸下重資入股結盟。

他也是專業經理人，和中子創新文化公司結盟後，吳柏蒼出任該企業副總經理一職，協助企業轉型。他將公司方向由「網路社群經營」改成「發掘人才」，成為結合網路、電台、演唱會、電視節目的獨立音樂推廣公司。

唱歌、創作、網路、企業經營都是吳柏蒼大學時代就懷抱的夢想，但是他一個夢想都不放棄，關鍵是找到一個核心——「相信音樂可以改變很多人」，把每一個夢想環繞在這個核心下旋轉，相互效力。因此，每一個夢想都有不錯的成績，打破了「獨立音樂人必須餓肚子」的刻板印象。

吳柏蒼是一九八〇年生，清華大學電機工程學系畢業，一九九八年就讀大學期間成立回聲樂團，二〇〇二年發行首張專輯《感官駕馭》，第三張專輯《處女空氣》入圍二〇一〇年金曲獎最佳樂團獎。

特別的是，首張專輯錄製好、發行前，吳柏蒼曾在母親強烈要求下，前往美國紐約大學（NYU）就讀資訊科學研究所，並打算就此移民美國。後來他為了宣傳專輯，毅然放棄美國學業返台，鬧了家庭革命。

不過，他基於兩點評估，還是選擇返台走上音樂之路。第一，音樂是自己人生最大的夢想，「第一張專輯就是夢想正式起飛，一定要全心全意做到好，不然會一輩子後悔」。第二，他從大學時就兼差為企業做網站設計，不斷學習新的網頁技術，收入不只無虞，還頗為豐厚；經濟獨立也為他後來的網路創業奠定基礎。

「我在十幾歲時第一次聽搖滾樂就超級感動，而且那種感動大到如『感召』一般。此後，我幾乎成了『搖滾樂傳教士』，到處向好友介紹搖滾樂的美妙，」吳柏蒼說，那種「感召」在音樂的創作過程中，逐漸具體化為生命的「信仰」，讓他深信音樂可以改變世界，所以即使樂團在發展過程中遭遇過很多考驗而讓他心生猶豫，但卻能因為「信仰」而不被「灰心」有機可乘。

有趣的是，一旦多元興趣有了核心視窗，一切就相互效力了。例如，獨立音樂人常容易陶醉在自我風格裡，而不能和大眾共鳴。吳柏蒼卻在網站架設的工作中，體會到網頁的創作原理就是要講究快速的對味與合拍效果，吸引許多人來點閱，因此介面要對使用者友善。

「創作是要讓人看見」的體悟很快地讓他有了突破，在二〇〇七年台灣網路音樂下載合法化關鍵時機成立iNDIEVOX公司，提供所有苦無發行管道的獨立音樂人一個販賣自己音樂的平台。接下來，事情一件一件，入圍金曲獎、第四張專輯獲得新聞局補助製作費、與中子音樂結盟、接下副總經理一職、成為台灣音樂文化國際交流協會頒發的第一屆「硬地英雄獎」得主，職業生涯的豐富和多樣性愈捲愈快、愈捲愈龐大。

《處女空氣》發行那一年，吳柏蒼剛好三十歲，專輯裡有兩首相互呼應的歌曲，〈Dear John〉和〈親愛的我〉。

〈Dear John〉是對約翰·藍儂致敬，歌詞唱道：「美麗男孩的臉，編織和平與愛的夢，請讓我be like, be like you, when you give me all the light.（當你指引我光亮時，請讓我也能像你一樣）。」

〈親愛的我〉一曲則是吳柏蒼說給自己聽的期許：「當你陷入絕望中請記得我，用美麗的幻想，讓真心永遠純真而不變。當你寂寞的時候請想念我，用單純的信仰，給自己溫暖的回答。」

吳柏蒼早已是網路多重視窗、一腦多工的使用者，每天有一半的時間是掛在網路上，同時開啟臉書、YouTube、iNDIEVOX、Street Voice、國際新聞媒體、網路科技新知網站、網路創業報導等多重網頁，而這種多工讓他可以掌握資訊的風吹草動，捲動多元夢想。

表七　吳柏蒼的多元夢想小宇宙

目前身分	回聲樂團主唱，台灣最大的獨立音樂商店iNDIEVOX創辦人，中子創新文化公司副總經理
成就特性	兼顧所有夢想型
成功的特質	**定位**：透過唱歌、創作、網路、企業經營等多元模式，擔任推廣搖滾樂的「音樂傳教士」。 **過程**：熱愛搖滾樂的電機工程系學生→成立回聲樂團→創業成立台灣最大獨立音樂網路商店→入圍金曲獎→入主大型音樂企業，負責公司轉型。 **天賦**：堅定、專注細節、詞曲創作、一腦多工、喜歡協力創作。 **時代**：台灣獨立樂團熱潮興起，網路音樂下載商業機制合法化，流行音樂界走向創作者當道。 **特色**：堅持一個核心價值，讓多元興趣繞著打轉，夢想一個都不放棄，且相互成就。因有多元興趣，也就擁有更敏銳的趨勢嗅覺。 **個人核心價值**：相信音樂可以讓人擁有美好的想像；煩惱愈來愈多的年代，人也可以愈來愈積極。 **目標**：把發掘人才、幫助人才曝光、傳播音樂的美好想像這三個信念合而為一，透過樂團與網路，協助台灣人加速認識獨立音樂。 **致勝關鍵**：在多元夢想中，找出共同的核心價值，為某一項夢想付出努力的同時，就是在為每一個夢想付出努力。

實用的訣竅（多元夢想運行技巧）	**放射**：透過唱歌、創作、網路、企業經營，接觸對音樂有興趣的人。 **合拍**：對應小宇宙熱血、活力、積極的世代特質，並利用數位化浪潮，和歌迷共鳴。 **拼貼**：為多元夢想設定繞著自我打轉的不同軌道，視需求切換軌道遠近。 **收編**：把利用唱歌、創作、網路、企業經營所接觸的歌迷、樂團、企業投資人整合起來，自己也擁有音樂人、創業家、專業經理人等多元身分。 **旋轉**：再以音樂為核心，讓自己多元的身分與資源相互效力，拋開不安和猶豫，也捲進更多助益。
給讀者的建議	**給小宇宙世代**：音樂應該是入世，而非出世的。夢想應該是積極實踐，而非空想的。不只不要消滅內心的感動，還要讓感動昇華為信仰。 **給非小宇宙世代**：理解和諒解新世代要做的是什麼。
相似的先行者	**陳綺貞**：獨立音樂人，在台灣唱片工業從實體CD轉型為網路下載之際，成立一人公司Cheerego.com，包辦創作、製作唱片、發行到宣傳，建立一套獨立唱片發行的成功新模式。不但未因唱片業不景氣而失去舞台，還聲勢鵲起，擁有如同偶像明星般的魅力和收入，為台灣獨立音樂人躍入主流樂壇樹立信心。 **黃謙智**：建築設計師，以台北花卉博覽會中的「環生方舟」流行館拿下七項國際建築獎頒發的「世界第一」。二〇〇六年以十萬美元資本額成立「小智研發」，將主軸圍繞在「綠色環保」。有別於許多建築師以設計大型建築為職志，他將自己定位為建築師的「藥商」，研發夠綠的建築材料，不介意著重在小型建材和商品的研發設計，但也不排除承接大型建築案。

小智研發在創業五年內開始獲利，規模達八百萬美元，使他在二〇一二年初獲美國紐約市評選為年度二十位最佳傑出創業者之一，也是台灣第一位獲選的企業界人士。二〇一二年，完成上海「最綠購物中心」十六鋪碼頭。未來目標是成為亞洲第一家以創意實力而非製造實力上市的公司。

4 六十歲靠臉書發掘藝術新銳的藍妙齡

一九四八年次的藍妙齡是珠寶設計師，是台灣在一九七〇年代自創民俗服飾品牌的第一人，也是一九八〇年代和謝長廷、陳水扁等人同為黨外運動人士首度參與選舉的第一批五位戰將之一。在一九九〇年代，她轉型為高級訂製珠寶設計師，二〇一〇年起透過網路發掘當代藝術家新銳，開始釋放自己豐沛的人脈，讓新秀藝術品得以飛入尋常百姓家。

在每一次人生大轉型中，藍妙齡幾乎都是走在趨勢的最前端，盡情燃燒熱情，即使遇到瓶頸而沉入海底，也都能靠著敏銳的嗅覺，找到最有利的施力點，迅速跳出水面。

仔細分析藍妙齡的成功，最關鍵是在不受年齡限制，隨著時代變遷更新自己的心態，在設計、政治、數位劇變狂潮中，不斷進化。現在，她和兒子彼此是臉書好友，相互分享人脈，共同討論時勢，沒有代溝。

藍妙齡是實踐家專服裝設計科畢業，曾擔任一九七〇年代台灣主流女性時尚雜誌《台視家庭月刊》主編。在熟悉時尚產業運作後，她嗅到國際都市間的「流行跟隨性時差」，發現台灣的流行慢東京兩年，東京慢巴黎兩年，於是在林森北路六條通開設精品服飾店「依兒」，頻繁前往日本和香港取貨，利用這個講究時效、高現金流、高獲利的行業，短短兩、三年間賺了第一桶金，既滿足她熱愛旅行的嗜好，也帶來工作成就感。

隨後，她兼營高級訂製服業務，搭配販售舶來精品，成為企業家夫人、演藝圈明星的最愛。當時台塑王家女眷的服飾幾乎由「依兒」一手包辦，王永慶女兒、宏達電董事長王雪紅更是常客。

從客戶的需求中，她嗅到台灣服飾品牌已開始有崛起的機會，也知道自己的資金與人脈基礎已經夠「做不一樣的大事」了。因此，她將傳統庶民服飾和故宮青銅器圖案進行拼貼；捨棄旗袍式剪裁，不用綾羅綢緞，把寬鬆、棉麻、手染等更古老的元素透過量產而新潮化，並將這些元素收編為品牌的獨特風格，揭開此類服飾的流行開端。「依兒」在兩年內於知名百貨內開設了二十幾個專櫃，晉用的新銳模特兒張瓊姿等人，都迅速走紅。

至此，藍妙齡還不到三十歲，一邊經營服飾事業，一邊搞政治運動。雖然未能順利當選台北市議員，且為了生養小孩，她選擇結束服飾品牌與黨外運動兩個最愛，返回故鄉宜蘭擔任立法委員陳定南、劉守成聯合服務處主任，但趁此機會廣鋪人脈，在微軟視窗作業系統還未普及前就熟稔倚天中文輸入軟體，並研習珠寶設計。

一九九〇年代，台灣降低進口精品關稅，國際名牌大舉登台，珠寶設計的商機終於來了，有先前服飾品牌經驗基底，以及廣大富裕階層人脈為後盾，加上網路可以快速查閱到最新珠寶行情，她終於躍居高收入的自由工作者，展開「自由自在的生活」。

她看見的趨勢是，珠寶的保值性與高單價、高獲利，加上珠寶庫存還可以當作投資，也有理財的效果。所以她善用既有人脈，走客製化路線，積極傾聽客戶需求，將巴洛克、極簡主義等元素進行混合拼貼，客戶成交率可達八成以上。

「珠寶設計決勝負的關鍵是在成本，單單懂設計是不成氣候的；緊盯珠寶行情，快速進貨或出清庫存，才能抓住顧客的心並掌握成本和品質，」藍妙齡說。

她在二〇一一年故宮舉辦藝術家慕夏插畫特展期間，就巧妙拼貼了慕夏的波希米亞雜揉風格，將馬賽克彎月、銀杏葉子等符號運用在簡約的戒指上。她所懷抱的，不只在成就自己的創作成果或單純向慕夏致敬而已，還有善用富裕階級流通的價值語彙（珠寶），讓對藝術有極度渴望的貴婦們得到讓慕夏介入生活的機會（合拍），在設計中賦予一層祝福的美意。

她現在每天上網四至五小時，在臉書上搜尋潛力藝術新銳，透過交往的過程先理解藝術家是否具備魅力，「不必跑遍所有畫廊，改成只去看對味的展覽；先發展友誼，再為他們拓展業務」。

表八 藍妙齡的更新自我創造趨勢小宇宙

目前身分	珠寶設計師
成就特性	超越年齡界限型
成功的特質	**定位**：不受年齡限制的「趨勢引領者」和「美感引介者」。 **過程**：創造民俗風服飾風潮→參與黨外政治運動→將美感與人脈匯流，轉型高級珠寶訂製設計師→利用網路發掘新銳藝術家，讓他們與渴望「藝術美容」的貴婦接軌。 **天賦**：熱情、浪漫，又具韌性。 **時代**：從代工年代、自創品牌年代、高級客製化年代，到數位媒合年代，都以開放心態擁抱快速變動的趨勢。 **特色**：熱愛美感，引領潮流的同時，特別著重和消費者共鳴、合拍；總是從自己收編後的人脈和資源中尋找下一波突破的利基點。 **個人核心價值**：「浪漫」和「愛」。浪漫會使人好奇，勇於衝到浪頭最前面；愛則可以讓自己成為別人的祝福。 **目標**：成為年輕人的提攜者，也讓自己的客戶成為年輕人的提攜者。 **致勝關鍵**：身段比時勢還靈活，嗅覺比一般人還敏銳。把潮流引介給尚未察覺的人，讓自己所創造的浪頭可以不斷有雄厚後續力。
實用的訣竅（不被年齡絆住的技巧）	**放射**：在現有工作和資源中發現自我的不足，快速將觸角伸出去，補習最新的技能和知識，讓自己保持在最前線。 **合拍**：在傳統中搜尋可以在現代消費中量產的元素。找出生產端和消費端的共鳴點，讓兩端合拍，站穩「美感引介者」的角色。

實用的訣竅（不被年齡綁住的技巧）	**拼貼**：以家庭為生活核心，選出最能兼顧家庭和事業的工作型態。也就是，把工作拼貼進以家庭為核心的軌道中。 **收編**：透過網路交往，開發缺乏人脈的藝術家新朋友，並透過深入交往，測試誠信與潛力。利用既有人脈創造新需求（從服飾、珠寶到藝術品），進而擔任新朋友與舊人脈的引介人。 **旋轉**：在新朋友中得到活力，在舊人脈中站穩基礎，將自己旋轉成「沙龍夫人」式的資源中心，而帶動旋轉的力量正是「自己蒙福後，不斷再成為別人的祝福」，形成有公信力的良性旋轉力道。
給讀者的建議	**給小宇宙世代**：愛是喜歡的淘煉，找工作不必緊跟著大家一窩蜂，只要掌握自己熱愛工作背後所代表的價值，在較冷門的領域做不一樣的事，才能不斷異軍突起。 **給非小宇宙世代**：年紀大的人，體力已不像以往可以在外面熱血交際、奔走活動，此時更要擁抱寬闊的網路世界，交朋友、補充新知，不要因為不熟悉數位世界就一味排斥。
相似的先行者	**李民中**：當代藝術家。一九六一年次，油畫作品躋身台灣最高價行列。他不但是網路重度使用者，熱愛魔獸世界等線上遊戲，並以臉書為媒介，號召網友加入「百人肖像計畫」。被畫民衆可以用市價六分之一的價錢獲得他現場親筆繪畫的肖像，一年內有超過三百人次參加，創下台灣藝壇新紀錄；而這些網友的肖像畫還多次在美術館展出。 **吳寶玉**：三屆金鐘獎最佳剪輯獎與最佳技術獎得主。在戀愛對象不幸過世後，單身生子、撫養孩子，沒有原生家庭為後盾，透過網路育兒論壇得到經驗與情感支持，和兒子成為親密的小宇宙家庭。

一般人喜歡把網路世代用年齡來區隔為「數位移民」（Digital Immigrants）與「數位原住民」（Digital Natives），但是小宇宙世代打破這樣的分法，從藍妙齡身上，我們已經發現，年紀大的小宇宙一直都是從新趨勢中得到力量，衝到浪頭上，享受其中，在方方面面都進化了。所以才會說，小宇宙有打破年齡界線往上蔓延的趨勢。

愈旋轉，愈成功

在以上這些小宇宙先行者身上，我們可以歸納出幾個相同的特質。

1 善用「小」和「宇宙」兩種特性，愈轉愈大

只要一個人、一小群人，用對力氣，用對施力點，即使是從小力量開始旋轉，也能逐步轉成大力量，甚至引發社會大風潮。

在自己的生活和事業裡，小宇宙先行者忠於自我，建構一套自行運轉的體系，並自得其樂。而且，**在小宇宙運行的五項本能中，「合拍拼貼」是能否形成規模的最關鍵點，也是把「天賦」與「時代」扣合起來的方法**。

例如，Mr.6拼貼外文資訊成為他部落格書寫的基礎；吳宗祐拼貼日劇和文學趨勢，

才得以收編全新群眾；吳柏蒼寫了《Dear John》的歌詞，拼貼約翰．藍儂的熱情，合拍上充滿熱血的小宇宙時代特質。

就像電影《阿凡達》一樣，把辮子和靈鳥的觸角結合起來的瞬間，就能彼此心意相通，飛翔起來。

所以這些小宇宙先行者也等於宣告了一件事：「讀書就能出頭天的時代」已經過了，「合拍拼貼才能出頭天」的時代正式來了！

而要將「合拍拼貼」發揮到「出頭天」，至少必須做到三個技巧：

◎駕馭零碎，瞬間就決定是否與尋找到的素材合拍，並拼貼到對的位置。

◎自己的成果要具有魅力，引發共鳴，瞬間對味，才算是有效收編群眾。

◎一有點子就要搶先做，別讓點子老掉了，因為這是一個大量消耗點子的時代，你既然合拍到好素材，如果不做，別人可能就會拿去做；也就是，你要讓你的小宇宙旋轉起來，因為旋轉會使用到好點子、甩掉現階段無益於己用的點子，逐步建立起完美秩序的運行體系。

在整體社會的發展脈絡中，小宇宙先行者建構起自行運轉的體系後，就會產生廣大影響力，變成讓許多人繞著他旋轉的「大宇宙」。

在小宇宙世代，「小」是一種趨勢，有秩序運行的「宇宙」也是一種趨勢。全世界都在進行的這場「小」和「宇宙」的革命，使得社會變革力道由點到面，變革觀念和權力也從傳統的「由上到下」逐步轉換成「由下到上」；**少數菁英寡占的發言權、議題設定權，開始下放到個人，再由個人橫向串連，在社會運動與商業體制中引發變革**。

◎從社會面來看，以孫窮理、卞中珮等人建制的「苦勞網」獨立媒體為例，多年來培養出許多公民記者，在樂生運動、國光石化等反對運動中與環保團體串連，並獲得二〇〇七年卓越新聞獎的「社會公器獎」肯定。這些人就是典型的小宇宙思維，憑著熱情，不斷回到原點的價值和初衷去確立施力點和方向，達到單一議題的集結，也逐步釐清多次政黨輪替後的反叛對象失焦難題。

在國際之間，現在搞革命則連公民記者都省了，中東與北非的茉莉花革命甚至連臉書、推特等社交網站的一般使用者都可以串連成有組織性的龐大浪潮，推翻威權體制，喚醒社會對民主自由的渴望。

◎從商業面來看，投資者也很敏銳地看中「小」和「宇宙」的趨勢，所以「天使基金」的風氣從歐美前進亞洲；他們捧著錢到處尋找投資對象，並同時扮演投資人與教練的雙重角色，既投資你，又協助你形成可大規模獲利的商業模式。

2 塑造個人品牌，主動出擊

「合拍拼貼就能出頭天」也深化了分眾市場的走勢，愛你的人會很愛，沒感覺的就是沒感覺，討厭你的人變得極端討厭。

因此，先行者普遍容易面臨一個重大的挑戰——當你旋轉出受人矚目的規模時，毀譽就會同時找上你，如果自己堅持不住理想，當批評的負面能量大到你無法承受時，就會「回縮」，連原先的規模都維持不住。

而避免「回縮」、翻轉「討厭」的唯一方法就是主動出擊，把個人品牌做大，收編更多的群眾，當起明星，當起別人繞著你旋轉的恆星。

◎鞏固更多死忠群眾：即使不很認同你的人，也會因為你的獨特而不時留意你的動態。連討厭你的人都無法忽略你的魅力，甚至因為這種愈來愈強的魅力，討厭你的心情也更加深一層。如此，不管正負面的關注都是話題，透過這些人的傳播和分享，就是主動幫你做了品牌行銷；而且只要應對得宜，負面話題也能翻轉成正面宣傳。

◎擁抱大眾市場，變成大宇宙：這種擁抱的過程除了要有商業體系的幫助，你也必須把自己的心態調整到不只是安於「小小」了，要把格局拉高、拉大，攀住一個更高遠的目標。怎麼做？把自己想像成一個「品牌」，而自己就是企業管理人，瞄準你的「顧客群」，想像如何讓個人品牌和產品具有創新的競爭力，並做到企業社會責任。

◎「愛」也絕對不能再只是「愛自己」了：把目標訂得高遠，就比較不會被一時的情緒、沮喪所矇騙而遭打倒。在不斷的旋轉、收編過程中，愈來愈清楚自己的愛，每一次達到的階段性成功，就是在為自己打氣，確認「沒做這件事，就無法成為自己」的真愛。而這種階段性的成功，會將自己的格局與視野提高，即使最後達到的不是最初設定的「成功」，也會因為「一連串的成功」而進入意想不到的境界。

在心態上，當上明星之後，就會學習當個真正的明星，自我調適，不會對「不是每個人都喜歡你」感到太介意。因為即使有人再怎麼偷窺你、八卦你，也不會比偷窺、八卦偶像歌手周杰倫還厲害。然後，小宇宙先行者自覺到還有更大的努力空間，因為比起真正的大明星，自己可能還只是「C咖」或「D咖」。

3 以一個主視窗為核心，不斷提升自我

數位科技造就出兩種渴望，一個是「與人分享」的渴望；另一個是看到先行者興起後，大家會有「原來那麼簡單，我自己也能做到」的成就渴望。最明顯的就是，部落客開始認為自己也能藉由書寫而成名、獲利，愈來愈多業餘樂手和設計系學生會因別人迅速竄紅而積極投入相關行業。

縱觀小宇宙先行者們的「分享」與「成就」，可以分析出兩個原則。

在分享方面，網路不只拉大他們與人分享的欲望，也放大他們的人格特質。分享

出去的負面訊息愈多，接收的回饋和呼應也會是負面訊息較多；分享出去的正面訊息愈多，接到的回饋和呼應也會是正面訊息較多。分享的最佳心態則是「由衷分享」。分享不能虛假，分享由心而發，而且還要「不放棄，持續分享」（Don't give up, keep giving.），才不容易中途放棄。

在小宇宙的世代，最顯學的行銷方式就是「你一定要先給一些，才能得到更多」。若有收編別人的欲望、收編知識的欲望，你就要先分享；給別人，別人才會心甘情願被你收編。

於是我們看到許多部落客、創作歌手、網購平台、設計師、橋梁型經理人等先行者，都喜歡讓大家免費看文章、免費下載歌曲、免費試吃試喝試穿、免費分享企業經營致勝的商業模式。

在成就目標方面，若與先行者談話，你會發現他們不斷在談論自己想成為的樣子，而不是一直抱怨自己無法成為那個樣子。他們都是以一個主視窗當核心，沒有放棄其他的嗜好，而且還是同時緊抓著多元嗜好，不斷嘗試，因為小宇宙的旋轉並不是零和遊戲，不是你要了一種，就一定要放棄另外一種。

緊抓多元興趣，反而會讓這些興趣在繞著主視窗旋轉時也變成互惠、相互效力；並且，不會因為主視窗的工作暫時停滯不前而過分焦慮，因為其他興趣只要有持續進展，小宇宙就會覺得自己正在擴大、推進。

因為不必放棄其他興趣，熱血就成了「用對地方的享樂」，享樂也就不再是「漫無目的的瞎熱血」。而且，在享樂的過程中，小宇宙會開始盼望結果。在盼望結果時，就不會只安於小小的自由自在。

小宇宙先行者也會把目標設定在比自己實際期待還要更高的層次，並且在有了新一波進展後，又再進一步設定更高的目標，適時給自己肯定和獎賞。

最後，這些小宇宙先行者雖然大多看起來很有活力，做起事來完全投入，但是幾乎沒有一個是長期透支體力在做，他們都會設法每天給自己足夠的睡眠和休息。

挑戰愈多的年代正是機會愈多的年代，機會愈多的年代也是心智愈迷惘的年代，心智愈迷惘的年代是愈需要踏實以對的年代，愈需要踏實以對的年代是愈充滿盼望與愛的年代。不管你是設計師、工程師、環保志工、生產線作業員，或是正坐在辦公室望著窗外陽光哀嘆的企業上班族，只要你畫得出自己的夢想，抓得牢你的未來，現在起身旋轉都來得及。

你的夢想是什麼？自由自在的生活是什麼？每一個夢想都沒有想像中容易，但又比想像更容易。不要被外在經濟模型溫柔地推擠到敗部，看清你的處境，做更大、更美好的夢，並且，實現它！

下一章，我們就要來進行小宇宙世代的猛力旋轉！

07 夢想一字排開，用「三A法則」出人頭地

夢想是需要「管理」的，運用「三A旋轉法則」，
想要的一個都不必捨棄。
若想破解社會溫柔推擠的陷阱，
更要緊抓夢想，勇於嘗試和冒險。

找到真愛，成為自己，實現夢想，才能過著真正自由自在的生活，避免反覆徬徨在迷惘中。但是對許多人而言，愛、自己、夢想，這三者間不只會交織出融融的幸福感，還會同時伴隨著茫然的困惑感，因此常覺得「我怎麼會懷才不遇？」「怎麼會時不我予？」「怎麼老是有無力感反覆來襲？」

這些困惑的來源就是因為「愛」實在讓人太難以捉摸。

因此，認清「真愛」變得很關鍵，這是小宇宙世代避開被全新經濟模型剝削而溫柔推擠到敗部邊緣的最佳方式。若整個世代都實現真愛與夢想，就是社會階層大規模往勝部移動的最大動能。

如何能不放過每一個夢想，又實現真愛？

首先，要破解「愛」的迷思，並對經濟體系的「溫柔推擠」保持高度的警醒。

這樣做，夢想就有「未來性」

人生都是這樣，每到了一個抉擇點，都會指向兩條路。

一條路是基於恐懼，追求經濟安全感。過去台灣人選擇工作時，常會不顧自我性向而寧願跟隨社會主流，就是因為把生活溫飽放在人生第一考量。

另一條路則是基於愛，選擇了自己熱愛的工作和生涯，過程中即使跌跤了也心甘情願。這也是小宇宙世代的核心生涯觀。

但是，**長期以來台灣社會壓抑個人性向的自主權，而現在則又充滿追求「愛」的氛圍，兩者落差過大，因此小宇宙世代才會集體陷於迷思當中**。

多數人往往沒有警覺到，「愛」和「寵溺自己」其實只有一線之隔。有些陌生的、需要下苦功學習的、有門檻的領域，往往因為它們不在我們「愛」的想像空間裡，而被我們直接歸類為「不愛」。尤其，學習本來就有辛苦的一面，那些看起來困難又陌生的領域，更容易被我們敬而遠之。於是「愛的真意」反而被誤解了，小宇宙世代會認為：「不做不喜歡做的事，自由自在享受生活，就會達到夢想。」

這就是愛的迷思和陷阱！許多人會把一時的「喜歡」或「好奇心」或「情調嚮往」誤認為「愛」，反而將自己的想像力圍困在固定的範圍裡，看不到其他的美好。

其實，「真愛」是「喜歡」的淘煉結果，「真愛」是勇於探究自己的「不喜歡」。

如果沒接觸過或沒探索過，就放棄培養興趣的機會，認定自己在某些領域沒有愛，就容易錯失真愛。興趣是培養出來的，不是想像出來的。而且雖然興趣的確是進入一個領域的動力，比方說有人熱中於和客戶接觸，有人喜歡坐在辦公室專精於數字研究，但是別忘了，興趣頂多是一個大約的分類，千萬不能把興趣想像得太狹隘，變成「非做什麼不可」。

在中產階級大量消失、卡債族問題仍未解決的今天，若想要破解全新經濟模型將小宇宙世代往敗部「溫柔的推擠」，小宇宙世代就得先自己破解愛的陷阱。

想要破解被「溫柔」地對待的陷阱，就是不可寵溺自己，要保持警醒。

想要破解被「推擠」到敗部的陷阱，就是要緊抓真愛，並勇敢嘗試和冒險。

進一步，要如何才能釐清最愛，實現夢想？

在前一章所提到的「夢想等式」和「先行者共同等式」中，隱含著付諸實現的關鍵。讓我們來比較一下這兩道等式：

夢想等式　天賦＋現在的處境＋愛＝夢想的自己（尋找的自己）

先行者共同等式　天賦＋抓住時代特質＋小宇宙運行本能＝小宇宙先行者

在等號的左邊，先行者把「現在的處境」加進「未來性」，成為「抓住時代特質」。先行者也把「愛」付諸於明確的做法，變成「小宇宙運行本能」。

要如何向先行者學習轉化這兩道等式呢？答案是：「三A旋轉法則」。

Aim High（緊盯高點）

Aim Broad（目標廣大）

Aim Inclusive（包容旋轉）

這三項旋轉法則將能使你視野高遠，利用時代，最愛清晰，夢想達成。

其中，對小宇宙世代來說，最根本的是Aim High（緊盯高點）。

小宇宙世代若只專注於橫向的取暖，就會像番薯躺在地上，藤葉蔓延開來，快速拓展成一大片，卻無法攀高。

數位史前世代若只專注於縱向的學習，會像松樹專注拔高，樹幹單單往上，伸到高點，卻無法觸及更廣泛的層面。

熱血人類若只專注奮力地往前跑，會像一支射出的箭，往未來快速飛去，卻忽略了現實當下的境況，埋沒在時間無垠的盡頭，沒有真正可以擊中的標的，或擊到不該擊中的靶心。

然而，若把「橫向分享」「縱向學習」「奮力往前」這三個世代的本能結合在一起，就會發揮十足強大的力量。

「三A旋轉法則」就是統合這三種特質，緊盯一個魔術高點，把自己提升起來，成為立體的宇宙，然後用熱情把觸角廣泛地放射出去，把萬事都捲進來為你效力。在旋轉當中，迷惘也會被離心力拋開，讓愛更純粹、清晰。

Aim High（緊盯高點）

目標：攀住魔術高點，通往比生涯偶像更美好的境地

原則：更新意念，擁有更強烈的愛

為什麼我們會找不到自己？生涯偶像的面貌為什麼那麼破碎？

小宇宙常會這樣問。這是因為自己的思維還不夠立體，所以往四面八方尋找夢想的樣貌時，就不夠宏觀，無法辨明夢想的可行性，因而沒有能力和方法去實現，總覺得自己不夠完備。

緊盯高點就是找出你生涯偶像背後所信仰的「價值」，這些價值就是你要攀住的「魔術高點」。例如郭台銘的「堅持」，陳樹菊的「愛人」，聶永真的「當美的橋梁」。

做到「緊盯高點」，就不會只是模仿偶像外表的情調，而會效法他們背後所堅信的「價值」。透過「緊盯高點」，把自己提升起來，就不再只是掉在地上的番薯，而是高掛在空中閃閃發光的星體。並且，因為自己放射出去的光芒更為廣泛，就開始與更多事物互相效力。

「魔術高點」讓人變得「獨特」。緊盯住「魔術高點」，就會讓人覺得自己的付出特別有意義，自然產生信心、享受過程。因為有信心，當你善用天賦、付出努力，卻還是遇到考驗時，就不會容易覺得挫折和灰心了。如此，你不只可以和生涯偶像一樣好，還可能比他們更好、更獨特。（如圖二）

二〇一二年被美國紐約市評選為年度二十位最佳「傑出創業者」的建築設計師黃謙智，從小就了解實踐夢想必須先找出「魔術高點」的重要性。

黃謙智的父親是遠東集團執行長黃茂德，母親則是專職家庭主婦。他說，父母親是他的生涯偶像，從小他就從父母的身上看見兩個夢想成功的關鍵：

◎認真工作

◎背後有完整而崇高的價值觀來支撐夢想

所以，即使黃謙智在成長過程中不願依照父親期待去當醫師或律師，而選擇走自己的路，他在二十七歲創立「小智研發」公司之前，就已經知道要從許多建築大師、環保先鋒身上組合出「綠色環保」「引領市場」「從根本解決問題」等多個魔術高點，今天他才能顛覆許多人對建築師的想像——原來建築師可以不只是熱中於設計好大喜功式的建築，也能專注研發便宜又環保的小型建材，從根本建築工法的革新，來打造人類綠色環境，並獲致成功。

「因為是在推動自己的信仰，創業過程中不管做大事、小事、遭遇到難以忍受的屁事，都可以因為緊盯這些價值高點而忍耐堅持下去，」黃謙智說。

圖二　攀住魔術高點

A圖：以自我為中心的生涯偶像學習圖

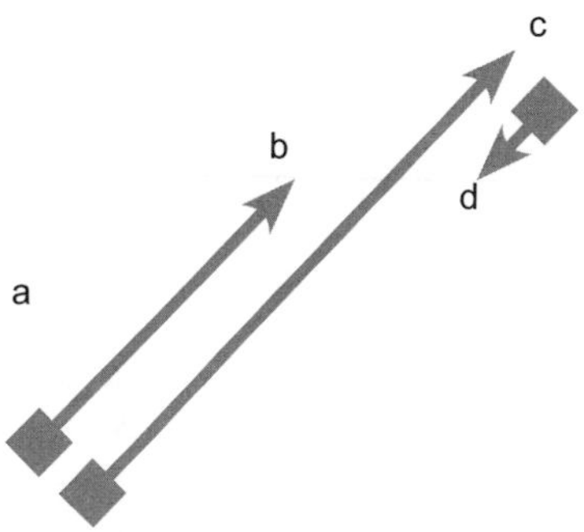

在A圖中，最底層的是你（a點），最接近你的點是生涯偶像（b點），最高的點則是生涯偶像所攀住的「魔術高點」（c點），你要攀住的魔術高點也是那一個。如此，即使你最後沒達到魔術高點，努力之後也會落在生涯偶像的上方（d點）或是與他並齊（b點）。

B圖：淬鍊生涯偶像價值魔術高點的完美式樣圖

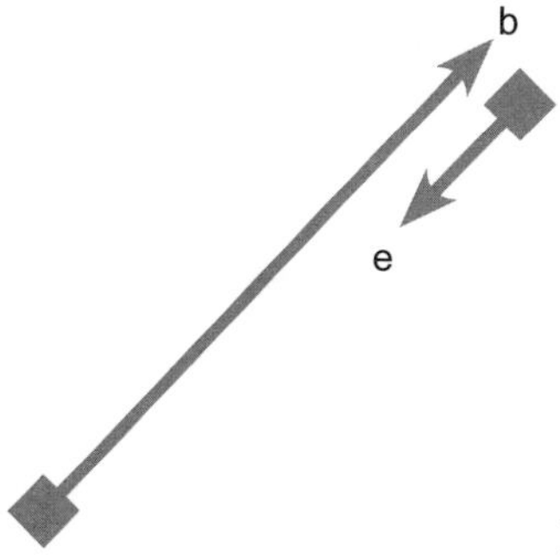

在B圖中，最底層的是你（a點），而你盯住的最高點只是生涯偶像目前的成就（b點），如此，就算你再努力，頂多也只能跟他一樣（b點），但大多時候你會落在比他差一點的地方（e點）。

學習生涯偶像的最好境界是，「看透他，只見他的魔術高點」。

如此做，還有四個明顯的效果：

◎抓住真正對味的生涯偶像，不被氛圍所迷惑。

◎如果不認同某個偶像的價值，就會自動把他拋開，不覺得可惜，沒有遺憾。

◎可以在諸多「喜歡」的生涯偶像中淘選出自己的真愛，進而深入研究真愛，減少瞎熱血的時間，享受邁向高點的過程。

◎讓你勇於接觸陌生，擁有跨領域的涵蓋力。

讓我們舉小宇宙世代最熱門的設計業為例。如果你嚮往的是設計師的生涯，那麼「追求美感」「當美的橋梁」就是傑出設計師背後最基本的共通價值。如果你無法認同擔當「橋梁」的工作，便很難認同「設計終究必須進入商業體系為大眾服務」的現實，進而難以和客戶、消費者溝通。於是，每當瓶頸一來，你就會開始懷疑自己的選擇，容易中途因挫敗而放棄。

如果是這樣，你可以反問，選擇當個純粹追求美感創作的藝術家，或是講究細節技巧的動漫繪圖師，會不會好一點？

相反地，如果你喜歡「當美的橋梁」這個魔術高點，卻因為自己個性內向而暫時做不到，於是下定決心把「橋梁價值」培養起來作為己用，那就更棒了。因為現在是「全民皆業務」的年代，藉著「橋梁價值」培養跨界溝通的能力，反而得以發掘自己更深一層的潛能，開拓自己的格局，此後無論你要轉行或自己創業當老闆，都可以受用不盡。

攀住魔術高點→勾勒完美式樣→享受實現夢想的過程→擁有更加強烈的愛

1 攀住魔術高點

如何找出魔術高點？這就是發揮小宇宙「拼貼報告書」本能的時候了，你要對你的生涯偶像進行個案研究。

大部分會成為生涯偶像的人，都有許多的新聞報導或專訪資料，他自己也可能會寫一些文章，所以要研究他們並不難。而且當你研究時就會發現，生涯偶像背後所代表的「價值」往往不只一個！他們往往是攀住多個價值，才有今天傑出的成就。

同樣以傑出設計師為例，在「追求美感」「當美的橋梁」兩個價值之外，你會發現他們背後可能還具備「犧牲」「毅力」「相互成就」等價值，來作為實踐夢想的動能。

2 勾勒完美式樣

你在生涯偶像身上看到的許多「魔術高點」，會組成一個「完美的式樣」。

亦即，一個成功的夢想家絕對不是只因為信仰單一價值而成功，而是擁有許多價值，這些價值一起組成一個相互協力的星體運轉哲學。當你看到生涯偶像背後的「完美式樣」，就不會只是一味崇拜他外在的成就，而是會進而追求他背後的「完美式樣」。「完美式樣」才是夢想家最終極的面貌。

效法「完美式樣」可以讓你即使在人生中途改走不同的道路，都還是顯得非常獨特、有意義。嚮往「完美式樣」，就好像把番薯變成掛在聖誕樹上的晶瑩圓球。你會懸在空中，視野遼闊，變成立體，向四面八方完整放射。（如圖三）

無論掛在樹的哪個角落，你還會不斷往最頂端的星星前進。

圖三　三A旋轉法則示意圖

A圖：以自我為中心的生涯偶像學習圖

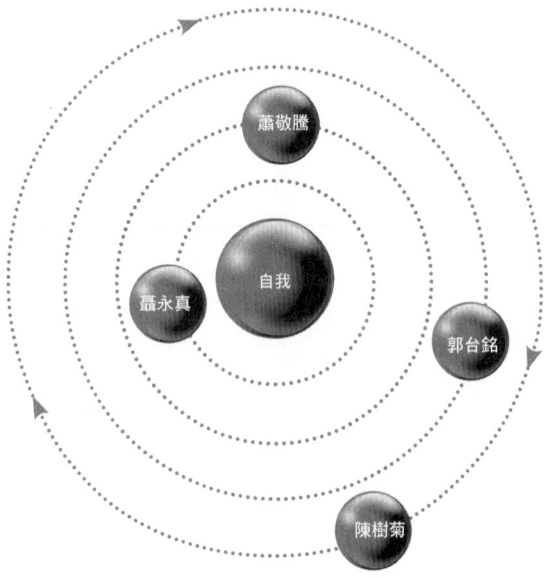

B圖：淬鍊生涯偶像價值魔術高點的完美式樣圖

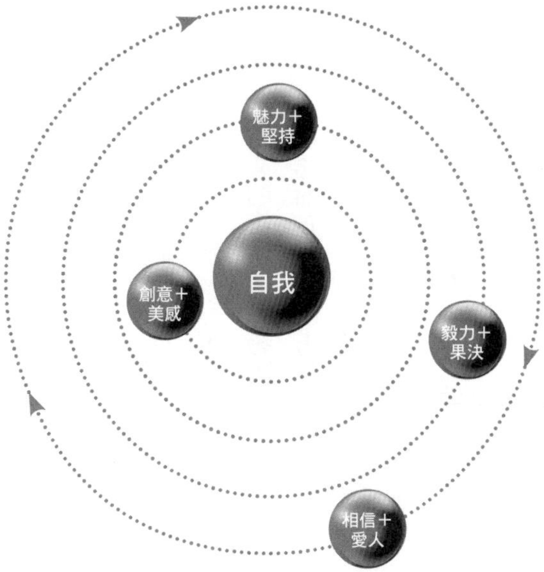

C圖：從模仿生涯偶像，進階為勾勒完美式樣

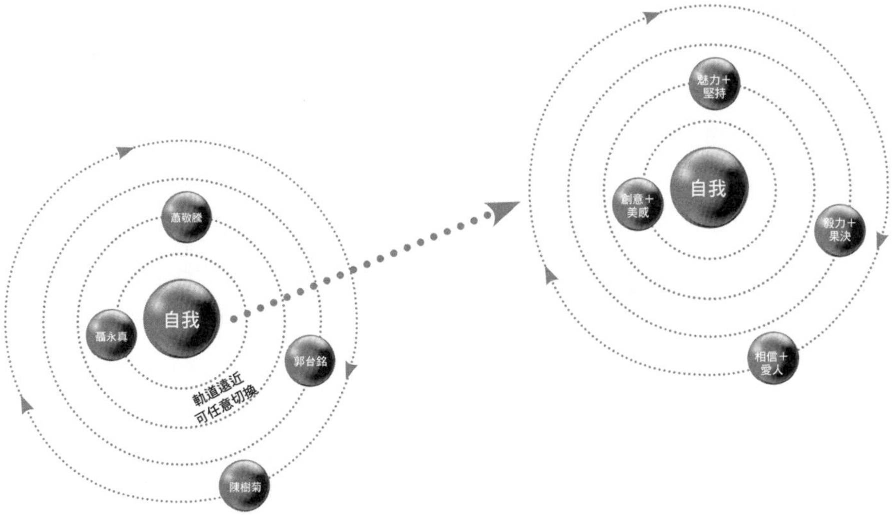

在你努力成為「完美式樣」的過程中，付出和挑戰都會變得有意義。即使沒達到完美，也能達到理想了。

接下來，你便要常常回頭檢視自己的初衷，抬頭展望你的未來。

◎**展望未來**：此時你眼界高了，視野更開闊，會發現其實還有其他的生涯偶像是值得學習的，於是你再從他們背後找出新的「魔術高點」，嘗試加進你的「完美式樣」中。你所看見的未來會愈來愈完整，看到的境界也不可同日而語，聖誕樹頂端的星星就會愈來愈清晰、靠近。

◎**檢視初衷**：大多數人在達到某個階段的成功時，很容易被隨之而來的好處與名利引誘而走到別的方向去，或因此墮落，脫離了原先的價值，回到庸庸碌碌的狀態中。另外，考驗則常會讓人懷疑、灰心，進而心生放棄，無法再進一步。檢視初衷可以讓人調整步伐，也可以看到自己一路走來的努力終究是有收穫的，自己也享受那個過程，如此就能反覆溫習自己的愛與熱情，不輕易跌墮。

3 享受實現夢想的過程

效法「完美式樣」，生涯縱深更立體之後，小宇宙也會透過分享，幫助彼此往上提升，全都攀住高點，不再只安於或執著於平面。

土地雖然肥美，相互取暖很窩心，但當地面上都擠滿了人，一定要目標高遠，提升到空中，空曠會讓你開朗、清爽，過程充滿成就感。提得愈高愈空曠！

台北愛樂管弦樂團顧問吳宗祐就說，外界都認為台北愛樂已經建立了合拍、收編新古典音樂族群的賣座商業模式，接下來應該要擴大商業規模，賺取更大的獲利。但是他和樂團都認為，此時要做的反而是檢視推廣音樂的初衷，並依初衷來訂定未來的走向。於是他們決定拉高格局，展開古典音樂走入貧童的NGO事業，「把已經橫向連結起來的樂迷都一起提高來，了解『音樂撫慰人心』的本質，一同來撫慰貧童的心」。

吳宗祐之所以有動力做這樣的改變，是因為他能不斷將生涯偶像的價值高點拼貼進自己的「完美式樣」中，藉以提升職涯格局。例如，他十分推崇英國電視名廚傑米・奧利佛（Jamie Oliver）的「熱情」「不自滿」「助人」「社會責任」等人格特質。奧利佛在當上名廚、名利雙收之後，還躍上電視台主持廚藝節目，藉由推廣健康飲食的概念來進行社會改造運動。奧利佛曾經大膽抨擊英國家長讓孩子帶高熱量的漢堡速食去學校當午餐，引起國會和政府的重視；奧利佛也到澳洲去，以專案協助社會邊緣的青年學習廚藝，開設餐廳。

吳宗祐也將電影《在黑暗中漫舞》及《破浪而出》的丹麥導演拉斯・馮提爾（Lars von Trier）視為生涯偶像，將他身上的「領導團隊創新」「捍衛信仰」等價值高點拼貼為己用，勇於說服樂團董事會、贊助企業、音樂家等菁英，來認同他帶領的NGO計畫，積極出錢出力參與，而他自己的職業生涯格局也因此愈提愈高。

4 擁有更加強烈的愛

當你的格局提高了，你的愛可以恣意放射，發現原來外面有很多你從未想像過的美好，而且你超喜歡！你的胸懷也就會更寬廣，愛也會更篤定而強烈。

把你的「魔術高點」變成關鍵字，隨時放在皮夾裡，記在筆記簿上。在打工度假、挑戰你自己的夢想時，隨時提醒自己，不耽溺於挫折的情緒，擺脫迷惘，讓挑戰變有趣。

不必每個人都當巴菲特、賈伯斯，一旦你建構出自己的完美式樣，成為「夢想中的自己」會比成為「嚮往的生涯偶像」更有成就感。

If you want to be someone, be yourself!（如果你想成為獨特的人，做你自己！）

Aim Broad（目標廣大）

目標：T型人才不夠看，放射型人才更高竿

原則：從全新趨勢進化自己，利用時代

小宇宙世代的腦袋是屬於放射型的思考，Aim Broad（目標廣大）也是小宇宙最擅長的本能——多元、爆炸、易於接觸的資訊世界，都是這個世代最寶貴的禮物。

目標廣大就是小宇宙先行者把「夢想等式」加進「未來性」，成為「小宇宙先行者成功等式」的關鍵。先行者都是設法騎上時代趨勢，「從新得力」——從全新趨勢和進化出來的本能中獲得夢想的實踐動力。

要做到「從新得力」：

◎不只不要抗拒，還要更主動地往四面八方放射，碰觸零碎，駕馭零碎。

◎目標廣大，就會拉開格局，那股熱烈放射的動力，也是遇到考驗時主動對抗灰心「內縮」的力量。

事實上，「因材施教」和「多元興趣」已經是學校教育體制的改革方向，跨領域人才也逐漸被企業所重視。一九九五年，哈佛大學商學院教授桃莉絲·巴登（Dorothy Barton）倡導「T型人才」的概念，引發企業界討論。她認為擁有第二、第三專長的工程師在惠普、微軟等高科技企業內部有愈來愈吃香的趨勢。

二〇〇五年，IDEO總經理湯姆·凱利（Tom Kelley）在《決定未來的十種人》一書中，進一步闡釋T型人才，更使得T型人才暴紅。湯姆·凱利認為這類人就像英文字母的「T」一樣，上面的橫線「一」代表涉獵多領域的知識，下面的縱線「｜」代表至少具備一種領域的專長，兩相加成就可以達到跨領域創新的「異花授粉者」效果。

然而，在小宇宙世代，興趣和知識實在多元到爆炸了，而且隨時都在變動，不管是「一」或「｜」，都還是被困在一個單向度的發展平面上，滿足不了擁抱爆炸的本能渴望。

因此，現在當個「T型人才」還不夠，「放射型人才」才能應付得了時代新變局。

放射型人才擁有幾項特色：

◎**享受過程，熱情滿點**：把小宇宙的放射能力發揮到極致，往四面八方伸出觸角，隨時感應到趨勢微妙的風吹草動，即使決定不收編為己用，也已經知覺到世界的變化。過程充滿合拍、拼貼的樂趣，熱情更加滿點。

◎**想法宏觀，樂於挑戰**：「放射型人才」追求的不只是技術，還有人生哲學的體驗與實踐。他們具有擁抱多元價值、把生涯偶像淬煉成「價值魔術高點」的能力，並將多個魔術高點組合成「完美的式樣」。比起「T型人才」，想法更為宏觀，人生因為有「信仰」，就可以為了信仰而忍耐挫折、享受挑戰、迅速修正錯誤。

◎**態度主動，可以擴大、變形、延展**：「放射型人才」會有一個生命價值的主視窗當作核心，第一、第二、第三、第四專長和興趣，則是繞著自己旋轉的行星。不管如何變換軌道的遠近，都可以從不同行星中得到能量。放射型人才具有主動性，可以累積龐大經驗庫和知識庫，基礎雄厚，而且具有擴大、變形、延展的各種可能。

◎**往外探觸，帶動浪潮**：放射還具有兩種能量，一是往外伸出觸角，將與自己合拍的資源反向回來收編為己有，讓自己變得更豐富。二是把自己的益處盡情往外分享，也就是釋放出自己的優點，讓人收編。如此，你一旦有了新變動，別人也會跟著你變，「成功」就不再只是你自己單點式的成功，還會形成一股改變的浪潮。

◎**生涯不會只學一個人**：不是原樣複製他人，也不會只拼貼很多人的表面情調，變成是一張破碎的臉。

回聲樂團主唱吳柏蒼就是最典型「放射型人才」。他當年雖然放棄了紐約大學資訊科學研究所的學業，返台投入第一張專輯的宣傳，卻沒有放棄數位資訊的專業，反而讓這個專業同時發展開來，創立iNDIEVOX獨立音樂商店，把它經營成台灣最大。這在回聲樂團努力往上爬的關鍵時刻讓他擁有經濟安全感，同時也讓他得以廣結音樂界人脈，收編人氣。

現在，回聲樂團主唱是他的主要角色，同時他也是創業家、企業高階經理人。在生涯旋轉的過程中，每一個夢想都沒有放棄，還把每一個夢想的核心價值都萃取出來，從一開始信仰「音樂帶來生命美好想像」單一高點，逐步加入「發掘人才」和「協助曝光」等價值，組合成一個生涯「完美式樣」，並宏觀而全面地影響了他的創作理念、創業模式、企業經營，慢慢累積出雄厚資本，每個夢想也因此擴大、延展了。

所謂的Aim Broad，也不只是上網搜尋，停留在資訊面的累積，還要親身體驗，將眼、耳、鼻、舌、身、意等六感都盡量張開來，累積「經驗寶庫」，產生同理心。有搜尋、有思考、有行動，「能力」和「生涯」都利用時代。

教育家常要學生把握校園的學習資源，不要去打工，賺血汗錢，但現實卻是，企業界愈來愈愛錄用有適度打工或實習經驗的學生，因為他們已經體驗過職場和社會的運作模式，不管在職場倫理、工作態度上都較有「現實感」。

真實世界需要的是心態上能突破體制格局、有豐富實戰經驗的人才。藉著主動放射，不只重視知識累積，還有足夠的親身體驗，也更能突破學校教育和企業規則的侷制。

Aim Broad要做到有搜尋、有思考、有行動，如此放射才能真正達到有效收編。

從「**能力面**」來看，在我從事新聞工作的多年中，不知有多少人問過我，「如何才能當個記者？如何才能當個編輯？如何才能寫出好看的部落格文章？」

但常常當我反問他們：「你心目中最喜歡的記者是誰？你最喜歡哪一本雜誌？你知道坊間還有哪些同類型的雜誌嗎？」

多數的答案都是「不太清楚」，而且回答不清楚者的人當中還包括許多新聞科系的學生。其實，這都是只要付諸行動，時常注意自己喜歡的新聞報導上掛名記者是誰、走一趟大型連鎖書店的雜誌區瀏覽一番，就能大致了解的。

或是當我回問：「你最喜歡哪位作家？你覺得他的文筆技巧哪裡最吸引你？」多數人也說不出個所以然，而這是只要拿出幾本喜歡作家的書，毫不心疼地畫線解析，再加以臨摹習作就能學到精髓的。

大家都怕當「文抄公」，但美術系的課程中有一堂打基本功的課程——臨摹名畫。透過付諸行動的臨摹，才能真正體驗箇中的奧妙，提高自己的競爭力！

從「**生涯面**」來看，目標廣大也能在學習攀住生涯偶像的魔術高點、建構屬於自己的完美式樣時，有更多的參考和比較。

不必放棄任何生涯偶像，反而還要接觸更多生涯偶像；不必放棄任何夢想，反而還要建構更多元的夢想；不放棄任何一個趨勢的資訊，反而還要累積更有效率的資訊獲得方式。

把喜歡的生涯偶像都取其精髓，拼貼進來，生涯也將不再是單向度的爬階梯，因為你隨時都有完美式樣當作核心，讓第一專長、第二專長、第三專長、許多興趣繞著你打轉，調整軌道遠近。生涯也不會因為單一偶像出了差錯，而夢想破滅。

Aim Inclusive（包容旋轉）

目標：捲進萬事為你效力，拋出迷惘讓愛更清晰

原則：正面思考，挑戰就是機會

維基型世界來臨，每個人都無法憑一己之力成就大事，封閉起來過著自由自在的開心日子。對小宇宙世代來說，凡事一定經過五項運行本能，萬事才會為你效力，迷惘和雜質才會拋出。

在宇宙星體運轉時，會有「向心力」和「離心力」兩種能量，因而產生公轉和自轉，和諧運行。Aim Inclusive就是要汲取這兩種能量，用向心力收編有益於己的，用離心力拋出非自己所用的。這兩種力量是對立的，一個拋出，一個拉回，卻缺一不可。

旋轉不是爬階梯，爬階梯是你如果沒爬上一階，就爬不上更高的一階。

旋轉是，在「完美式樣」核心下，如果你發現目前從事的工作不是你的真愛，那麼你下了那麼久的功夫，該項工作也會是你的強項。

所以，不必放棄現有的強項，只要逐步把尚位在較外圍軌道的「真愛」牢牢抓住，慢慢調近，時機成熟時再切換成最接近你旋轉的軌道即可。

那時候，你自認為不愛的「強項」也不必整個捨棄，把它放在較遠的軌道中，它也還是牽引著其他行星的動能，畢竟你的強項還是最有益於你的利基。

旋轉有幾個要素，第一是「描述」，第二是「找出核心視窗，排列軌道」，第三是「發揮本能，用力旋轉」。

描述時，要把「現在的處境與能力」「你的夢想」「你的完美式樣」三個面向都能清楚講出來。其中，「夢想」常是最模糊的，需要不斷用具體的語言描述它、談論它，心底的聲音才會不斷湧現。

雖然夢想一開始常顯得模糊，但每當你細描它、說出它，它就會愈來愈具體。變得具體之後，夢想才會是真實的面貌，有了重量，落入你的掌心。

所以，你要不斷描述夢想。拿筆寫下關鍵字，再串連成有邏輯的具體樣子。說出來，再與朋友腦力激盪，才會得到靈感和鼓勵，發現盲點。宣示出來，鳴槍就會開跑，宣示出來就會付諸行動。

把自己想像成是一個太陽系。核心視窗是由「自我＋核心價值」組成的恆星，多元的興趣和能力則是繞著你旋轉的行星。

拿出筆和紙，畫出一個太陽系圖形，中心點是你目前認為最核心的幾個價值，外圍則是你的工作、夢想、興趣，依目前的現實處境排列出軌道的遠近，並且在運轉時，讓這些行星的軌道根據核心價值的特性做調整，只要一不符合核心價值，即使是喜愛的興趣，軌道也會離自己愈來愈遠。

軌道的建立主要有幾圈，第一圈是要善加利用，第二圈是要時時關注，第三圈是能幫助自己延伸出其他資源或聯想力，第四圈是有印象就好，第五圈是可以舒緩壓力、刺激思考的活動或興趣的橢圓形軌道。例如本書第二章所提「道德與不道德同步的教授」隨時觀看的情色網頁就是第五圈，它可以隨時切換到離中心最近的部分，但不必讓它逗留太久。

維持你經濟獨立的軌道必須放在第一圈或第二圈；軌道的數目不受限制，但是若太多了，你自然會把其中一些拋離較邊緣的軌道。（如圖四）

建立軌道的原則如下：

◎**極認同、極熟練或最想學習的**：目前自己所擁有的最佳能力、資源或熱情。↓放在「最近的軌道」。

◎**認同、熟練或想學習的**：第二專長或興趣，可以隨時切換成為第一圈軌道的能力和資源。↓放在「時時關注的軌道」。

◎**次認同、還算熟練或可能想學習的**：用來累積新資訊的知識庫。↓放在「可延伸出聯想力的軌道」。

◎**還算認同或目前還不了解**：才剛感到有興趣，但尚未深入了解者。↓放在「有印象就好的軌道」。

◎**情調或好玩的娛樂**：這可以包括「生涯偶像身上有魅力的人格特質」，如幽默、

圖四　找出核心視窗，排列軌道

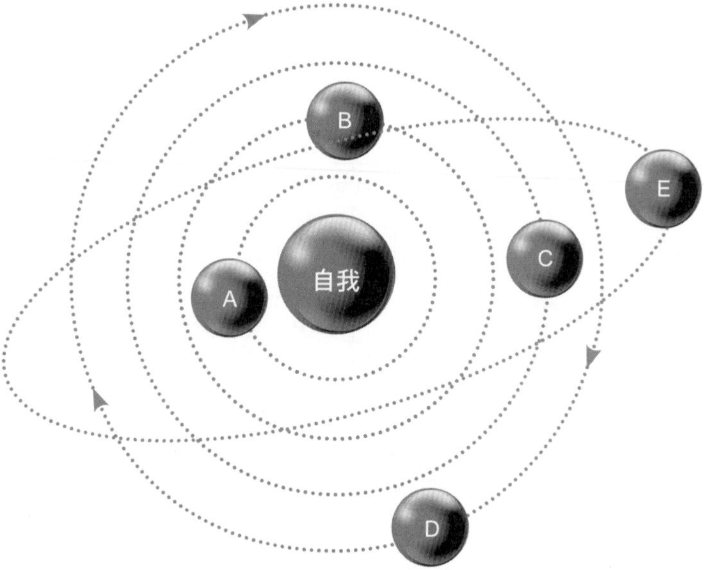

·軌道說明

A 最近的軌道：極認同、極熟練或最想學習的事物

B 時時關注的軌道：認同、熟練或想學習的事物

C 可延伸出聯想力的軌道：次認同、還算熟練或可能想學習的事物

D 有印象就好的軌道：還算認同或目前還不了解的事物

E 不定時切入、不必停留太久的軌道：情調或好玩的娛樂

穩重、機智等，可以收編起來，讓自己也更有魅力，但這不能是主要核心的學習重點。也可以包括「適時放鬆的娛樂」，讓想像力馳騁。↓放在「不定時切入、不必停留太久的軌道」。

在完美式樣的核心下，軌道中哪一個可以先做，哪一個可行性較高，哪一個是「非常未來」（還很遠的未來）才會實現的夢想，哪一個是你打心底憧憬的終極夢想，就會變得很清楚。而且，同時讓好幾個軌道旋轉都沒關係，因為它們都在同一個核心外圍相互牽引和效力，不擔心會失去主軸。

而且，它們各在不同的軌道上，不會像爬生涯階梯一樣，做了這個就不能做另外一個，因為它們彼此並不牴觸。例如，你當然可以時常買樂透彩，夢想中了頭彩後可以做好多實踐自我價值的事，但是你絕不會把「中樂透頭彩」放在離你最近的軌道，而只是放在不定時切入、不必停留太久的軌道。

有了軌道，就不容易被新鮮、乍看之下很有趣的事情所迷惑，而時常產生「現在不做，以後就不會做了」的迫切感，因為這些新鮮的事會先被列在較外圍的軌道上，評估可行後，才逐步拉近核心。

小宇宙緊緊抓住夢想旋轉的方式就像抓住愛人一樣，要抓得牢，也要轉得有步驟、有正確心態。旋轉的幾個原則：

◎挑戰和挫敗能為軌道的轉換帶來轉機。因為軌道一變動，負面的東西就會被離心力甩開，才有位置空出來牽引其他的好處靠近你，為你效力。

◎專注在「牽引好處」的念頭上，而非定睛在「失去」。讓好的事情為你效力，你想得到幫助，就要預想自己能得到什麼樣的幫助，以及這些幫助能為你開拓什麼樣的新視野。

◎行星軌道若被移到最外圍，最後自然就拋開了，也不要掛心。因為你已經理解到漸漸放手的過程。許多一時吸引你的事情，即使一開始興沖沖地把它們擺在很近的軌道，它們也還是會因為無法被完全收編而甩脫。

08 把握時代特質，七大優勢就能爲你所用

在台灣特殊的時代際遇下，機會正朝我們走來，
一張全新的經濟體地圖也隱然成形。
把握未來十年黃金衝刺期，
邁向勝部的名額是沒有限制的！

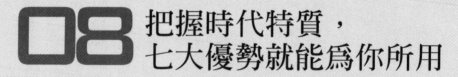

「成者愈成，後者愈後」的效應

人生成敗的關鍵往往不在沒有夢想，而是不知如何使夢想清晰。人生的淘汰賽也不在才華洋溢與否，而在於心智堅定與否。

有沒有盡全力，自己最清楚；夠不夠有勇氣，自己也心知肚明。

《聖經》有一段耶穌的比喻教誨，若引申到人生夢想的管理上，也極具深意。

故事提到，天國就好比主人要到外國去，便依照三個僕人的才幹，把家業交給他們管理；他們分別領到銀子五千、二千、一千。得到五千的隨即拿去做買賣，另外賺到五千；領到二千的也同樣做了投資，賺到二千；只有那領一千的，直接到田裡挖個洞，把銀子埋藏起來。

過了一段時間，主人回來了，把僕人們叫上來核帳。那賺到五千和二千的僕人都得到主人大力的讚賞：「你在不多的事上有忠心，我要把許多事派你管理；進來享受你主人的快樂吧。」

輪到那位領一千的僕人了，他趕緊辯解：「主啊，我知道你是忍心的人，沒有種的地方要收割，沒有播的地方要收穫，我就害怕，所以把你的一千銀子埋在地裡面。請看，你原來的銀子在這裡！」

主人聽了勃然大怒，罵他真是個「又惡又懶的僕人」，既然明知主人要求嚴格，至少也應該把那一千銀子借貸出去，多少賺些利息，而不是懶散地把銀子私自埋藏起來。於是，主人下了一道命令，把他原有的一千奪過來，送給那個連本帶利已經擁有一萬的僕人！

「因為凡有的，還要加給他，叫他有餘；沒有的，連他所有的也要奪過來。把這無用的僕人丟在外面黑暗裡；在那裡他必要哀哭切齒了！」

人生便是如此。**人生做的不是金錢的保管，而是天賦與夢想的管理，時代則給予了我們投資的良機**。如果你哀怨自己得到的天賦較少，把自己寵溺在漫無目的的隨興自由裡，那麼，有一天你會驚覺，那埋在土裡的天賦不只無法原價保留，還會鏽壞，最後你連那僅有的都會被奪去。

這段比喻出自〈馬太福音〉，後來心理學、社會學、經濟學、品牌行銷學等理論都加以引申，稱之為「馬太效應」（Matthew Effect），意指「成者愈成，後者愈後」或「富者愈富，貧者愈貧」的社會和經濟現象。

你也許會認為，這實在不符合社會公平正義的原則，但仔細推敲「馬太效應」看似不公平的背後，其實有一個極微妙的翻轉點——**「成」與「敗」都是不斷加乘的循環，只要進入任何一個循環，都會進一步加速催化**。

在這個選擇大爆炸的年代，「馬太效應」加乘循環的效果也會愈加猛烈。一切看似零碎到難以掌握，但其實漫天紛飛的大爆炸，都會在每個人心裡只化約到簡單的兩種原則：

第一種，時時警醒。堅持住，別消滅心裡的感動。天賦給你銀子一千，你不要只埋在土裡，也不要只放在銀行裡生利息，而是要拿去投資，設法賺到五千，並且從過程中學到進一步賺到五萬的本領。只要進入「成者愈成」的循環中，你可以愈轉愈大，脫離敗部，脫離資本主義經濟模型的溫柔推擠。

第二種，提不起勁。即使偶爾提起幹勁，也總是讓負面向下的試探有機可乘，在最重要的關頭功虧一簣。任由天賦給你的一千銀子埋在土裡，加速鏽蝕殆盡。一旦落入「後者愈後」的處境，便會不斷落後，最後被排擠到最底端的邊緣。迴避任何一個堅持的機會，就是迴避一連串得勝的機會。

小宇宙世代的三種理想行業

如果你選擇了「成者愈成」，我要點出小宇宙世代消費形態所隱含的「享樂」和「陷阱」一體兩面的矛盾本質。只要認清三種熱門新興行業對外在環境與內在心理的影響，就可以把享樂陷阱翻轉為致勝關鍵，避開全新經濟模型將你往「後者愈後」與「貧者愈貧」溫柔地推擠。

這三種新興行業就是在第四章中已經提到的「工具」「徽章」「安慰劑」。它們既反映出客觀的消費潮流，又符合小宇宙主觀認知的理想工作典型，既支持了集體享樂的基礎，也是小宇宙世代絕佳的理想行業與商機來源。

1 工具

功能：讓人永遠不缺朋友

特色：行業從事者具有世代英雄的榮耀性

網路是典型的「工具」型職業，提供小宇宙向四面八方放射與收編的需求。亦即，小宇宙內與外「豐富的內心戲，多變的外表造型」都要靠網路成全。

透過強大工具，小宇宙得以無遠弗屆，不受時空限制地進行人脈收編、意見串連和購買衣服。誰能創造速度更快、層面更廣的新功能，協助小宇宙建構龐大體系，誰就能又酷又勝出。

從消費面來看，線上遊戲、臉書、噗浪等網路工具都是在滿足使用者的情緒，利用大眾對網路社交、找伴取暖的需求，只要使用者上網去點點點、寫寫寫、玩玩玩，企業家就會賺賺賺。

「使用者付費」的觀念也更大層面地遭到揚棄，因為廣告商會幫你付費。或者進一步發展出「延伸性使用者付費」商機，當臉書或App Store附掛的網路遊戲玩到某一個層級時，消費者常就被慫恿進一步付費了。根據經濟部工業局估計，二〇一〇年全球App軟體下載次數高達八十億次，商機約一百億美元；二〇一一年更翻漲至一八一億次，預估二〇一五年商機就可達五百億美元，而這塊大餅無國界，有能力的設計者都可搶食。

到底「工具」型職業可以滿足小宇宙的哪些情緒需求？

◎透過網路工具，可以永遠不缺朋友，永遠可以找到對味的人。當你無聊時，有一百個人陪你一起無聊，無聊就變有趣了。

◎空虛感可以透過網路偷窺別人的生活動態而得到滿足。小宇宙搜尋到的不再只有知識，還有別人的人生與價值觀、面對挫折時的應對方式等。

◎即使是收入少、工作成就感低落的人，也可以在網路世界裡自得其樂，甚至得到自信，自我感覺良好，因為他得以揚棄現實生活中的挫敗，在網路上不缺朋友，甚至連對挫敗發出牢騷，都還能反向贏得更多人氣和追隨者。作家宅女小紅在部落格上痛罵前男友的網誌廣受歡迎，還出書紅到實體書市，就是典型的例子。

◎網路遊戲的角色扮演，讓許多人當上了公會領導者，指揮隊員通力合作，得到生命的實踐。有些人還會將這種人格魅力轉換到現實生活中，辦網聚，宅男也能搖身一變為廣受歡迎的情聖。

◎透過網路可以和明星、上流社會人士等現實世界中不可能有交集的人變成好友，談起戀愛，從而打破階級差距，感覺自己可以和他們平起平坐。偶像明星羅志祥就大方坦承，他曾和女網友來電，認真想要交往，但因為對方太招搖而有許多流言散播出來，讓他毅然切斷情緣。許多羅志祥的歌迷這才發現，其實自己是有機會輕易和明星來一段網戀的！

這一切都歸功於臉書創辦人馬克．祖克柏、噗浪創辦人雲惟彬、線上遊戲「魔獸世界」研發團隊等這些世代英雄。

從生涯選擇來看，為什麼「工具」型職業會讓小宇宙覺得酷？因為它是小宇宙世代的先驅，往往創造了全新的人類溝通模式，讓其他人得到更大的生命實現感與完整感，而深深被崇拜或嚮往著，具有世代英雄的榮耀性。

2 徽章

功能：讓人永遠顯得自己獨特

特色：行業從事者具有世代英雄的夢幻性

設計業則是典型的徽章型行業，販賣的是一種情調，讓小宇宙藉由消費得到由外而內肯定自我的獨特感，就像一枚徽章，別上去就標示了自己的身分，藉以自我感覺良好。一枝筆、一部魚眼相機、一個包包，就可以顯得很有品味，讓小宇宙活在理想生活的情境裡。

從消費面來看，設計業著重創意，生產的商品像藝術創作，製造成本往往很低，售價卻都很高，不以實體功能性來論價格。但是設計性商品又大多不像真正的藝術品具有保值功能，因為它終究是作為「使用」的日常消耗物。

設計者的決勝點是讓設計語言引起消費者的共鳴，願意掏出較多的錢來購買有別於大賣場中的量販廉價商品。而這種共鳴方式就是充分利用了小宇宙世代希望自己外表很獨特的心理。若將設計品拼貼上自己的生活，自己也會顯得很有設計感，標示出自己的品味。

到底「徽章」型職業可以成就小宇宙的哪些情緒滿足？

◎購買設計性商品包含了自我表現與超越的動機。第二章提到的「潮人」強調混搭，將一點點品牌、一點點廉價商品、一點點自我創意，拼貼得宜，便能和一身名牌的名媛相抗衡。這種「獨特性」也隱約讓小宇宙暫時彌補或忽略了無法像名媛一樣擁有大量「名牌」的缺憾，甚至進一步暫時忽略房子、車子、收入等經濟弱勢所造成的「不如人」感覺。一種外在的「徽章平等」使得「階級落差」的焦慮感降低，獲得忽略。

◎只要有時間，生活就可以透過這些設計性商品顯得很樂活、很時尚。以攝影風潮為例，自拍風氣讓一種DIY式的「明星工業」隱然成形。攝影者只要擁有一部單眼相機，就等同於時尚攝影家兼經紀人兼導演，而被拍者就像是明星或模特兒，此時網路相簿若點閱率很高，相簿儼然就是一本「明星寫真集」了。如果是一大疊相簿呢？那就是轟動一時的「正妹牆」網站，不同學校的正妹雲集，站長就是超級星探！

因此，從生涯選擇來看，為什麼「徽章」型職業會讓小宇宙覺得酷？因為它的工作就是夢工廠，不只生產讓小宇宙得以自覺獨特的商品，他們工作的情境也置身在夢幻之中，工作就是理想生活，因而被深深嚮往著，具有世代英雄的夢幻性。

3 安慰劑

功能：讓人隨時可遁入「理想生活」

特色：行業從事者具有世代英雄的享樂性

新服務業是典型「安慰劑」型職業，它提供使用者透過消費而瞬間進入「理想生活」的機會，這種短暫的溢軌就像華麗的離家出走，彷佛自己和富豪生活沒有離得太遠。

從消費面來看，安慰劑型的產業大多是以時間計費，咖啡廳、民宿和五星級飯店，都是其中的典型，它們主要的交換價值在於「情境」。

以郭台銘口中「以開咖啡廳為滿足」的經營方式為例。咖啡廳的裝潢往往很有風格，但材質一定不昂貴，因為咖啡廳店面大多是租來的，短期租約帶來迅速回本的壓力，為了適應快速轉變的市場，空間的品味與美學不再重視建材質地，裝潢必須隨時做好三年後就會被拆掉的打算。只要背景音樂、輸出型掛畫等元素具有獨特風格，消費者進入店裡，就走進了夢幻的氛圍。

熱愛五星級飯店的現象也很有趣。國際級的五星級酒店消費市場開始訴諸受薪階級的一般上班族，等於是結合了時尚、設計和服務業，提供高端消費的品味享樂情境。

全球有愈來愈多上班族拚命追逐安曼（Amman Hotels）、柏悅（Park Hyatt）等頂級酒店。平常省吃儉用，對房租斤斤計較，卻努力存錢只為了出國去小住一下，即使這幾天的房費就等同於好幾個月的房租費也不心疼。畢竟，安曼酒店的安慰劑效應比起咖啡廳還要再高一級，住過後還可成為炫耀的話題，兼具「徽章」的效果。

二〇〇七年以來的四年間，我走訪過全球十多家新興的頂級酒店，並和每一家酒店的總經理深聊這股趨勢，他們幾乎有志一同地把上班族消費者當作是市場開發主力。

位在東京六本木中城的麗池卡爾登酒店，開幕時創下日本頂級飯店新高房價，訂房要排隊三個月以上，總經理瑞可・迪布蘭克（Ricco M. DeBlank）自豪地告訴我，雖然這裡是都會的中心區，但他們並不以商務客為重點，目標消費群是犒賞自己平日辛勞的上班族，其中有七成的客源都是特地遠道而來休閒的。許多訂不到房間的OL（女性上班族）還會到大廳咖啡座品嚐一杯三千日圓以上的咖啡過乾癮；不必多做什麼，只要打扮得漂漂亮亮坐在這裡，優雅談笑，就很有氣氛。

台灣的個性民宿更不用說，現在已經是創業者和消費者的最愛。根據交通部觀光局統計，二〇〇三年二月SARS發生之前，全台登記有案的民宿只有六百家（含未合法者），二〇一二年一月已超過三、七八八家。當外界認為市場已達飽和，陸客自由行正好開放，隨著政策逐年增加自由行陸客數目，觀光局預估民宿數量和消費檔次都會不斷攀升。

表九　台灣登記有案民宿數目統計

台灣立案的民宿從2003年的六百家，成長至2012年已近三千八百家

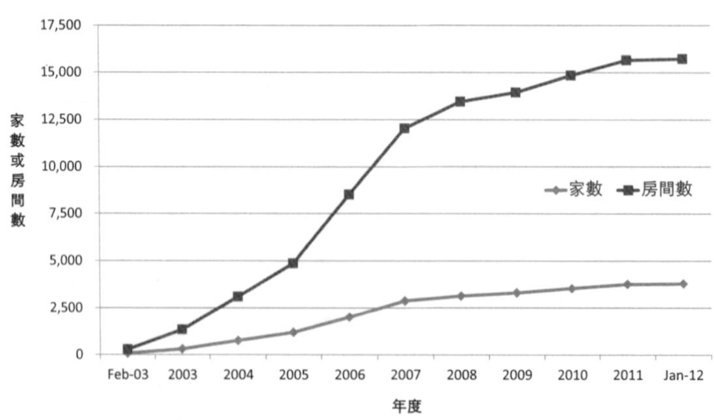

資料來源：交通部觀光局

現在民宿甚至擠進台北國際旅展，和五星級飯店別苗頭了。（如表九）

更進一步來看，「安慰劑」型職業也成就了小宇宙的幾個情緒滿足。

◎只要走進個性咖啡廳，或是購買一張到東京的機票，花幾天的旅館住宿費，「理想生活」便唾手可得。許多人更企圖將這種遁逃延長，直接到墾丁、東部等地開設民宿或打工。

◎電影與偶像劇的置入性行銷風潮，與安慰劑型產業形成相互幫襯的行銷模式。這些場景進一步被「故事化」，小宇宙藉由遊覽拍攝地點，覺得離電影和偶像劇中的「故事」並不遠，自然就能把自己想像成偶像劇中的男女主角。

因此，從生涯選擇來看，為什麼「安慰劑」型職業會讓小宇宙覺得酷？雖然在這種行業工作，薪資與獲利往往不一定很高，但因為它的工作直接置身在「理想生活」情境中，所以常被深深嚮往著，具有世代英雄的享樂性。

綜合以上，如果透過從事「工具」「徽章」「安慰劑」這三類著重交換價值的行業，也指涉出「一邊工作、一邊遊戲」的可能性，讓人覺得賺的錢不必太多，像韓良露說的「賺到生活」比較重要。

當小宇宙世代紛紛陶醉在這樣的氛圍中，即使不是從事這三種職業的人，也會希望能活出擁有相同情調的職涯人生，這為各行各業的商機與發展指出了全新的發展方向。

善用七大優勢成就自己

小宇宙世代如何自在生活，又在職涯中勝出？最後我還要指出七個小宇宙世代必須特別留意的優勢。只要你有企圖、有信心，善用「三A旋轉法則」，從新趨勢中得到力量，換個眼光，都可以騎乘到這些猛烈的趨勢上，翻湧前去。你也可以成為新一波的小宇宙先行者，放射旋轉出頭天！合拍拼貼出頭天！

這七大優勢是基於「小宇宙優勢」而鋪展開來的新走向，包括了四種職場變遷、三種附加動力，啟動全新型態的職場變革。

什麼是「小宇宙優勢」？就是小宇宙世代勇於追夢、懷抱熱血、標榜獨特自我、嚮往自由自在生活的人生價值觀，以及在選擇職業時注重享樂性、夢幻性和英雄性的原則。

「小宇宙優勢」的大小，會和「職業知識與創意含量」的高低交錯出四個版塊，成為一張小宇宙世代經濟體地圖（如圖五）。傳統產業型態的職業或企業，當然也可以緊抓這個時代機遇，只要在原有的基礎上附加「小宇宙優勢」元素，都可以和新世代的需求接軌，成為未來十年最具競爭力的勝利者。

而擁有「小宇宙優勢」之後，更要記得掌握時間、成功名額、預測未來三個動力。

圖五　小宇宙世代經濟體地圖

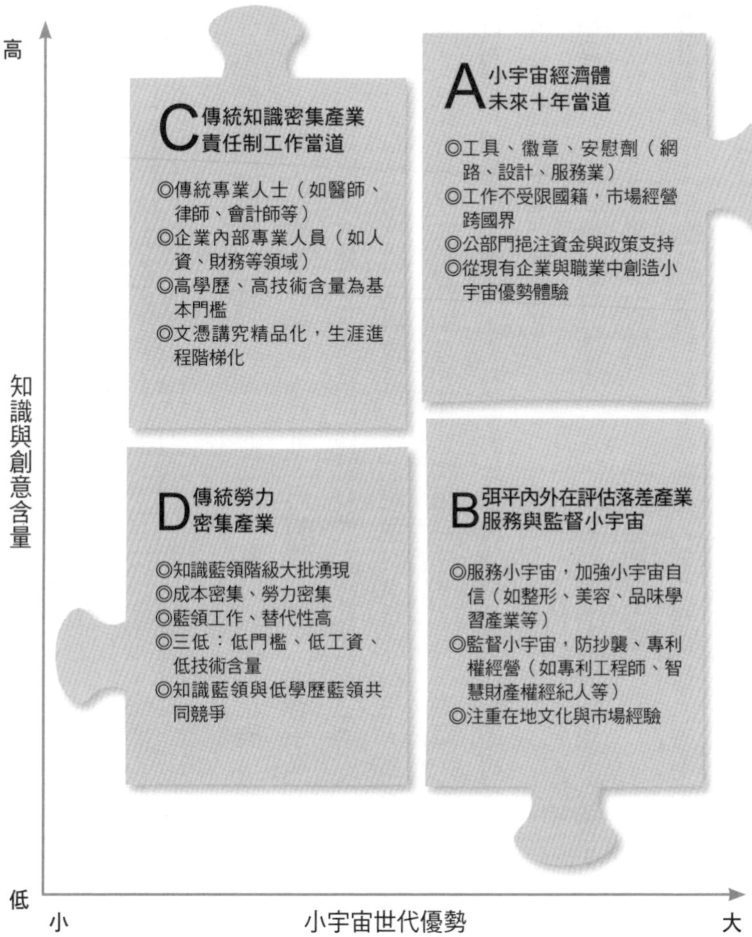
高
知識與創意含量
低
小
小宇宙世代優勢
大
C 傳統知識密集產業
責任制工作當道
◎傳統專業人士（如醫師、律師、會計師等）
◎企業內部專業人員（如人資、財務等領域）
◎高學歷、高技術含量為基本門檻
◎文憑講究精品化，生涯進程階梯化
A 小宇宙經濟體
未來十年當道
◎工具、徽章、安慰劑（網路、設計、服務業）
◎工作不受限國籍，市場經營跨國界
◎公部門挹注資金與政策支持
◎從現有企業與職業中創造小宇宙優勢體驗
D 傳統勞力
密集產業
◎知識藍領階級大批湧現
◎成本密集、勞力密集
◎藍領工作、替代性高
◎三低：低門檻、低工資、低技術含量
◎知識藍領與低學歷藍領共同競爭
B 弭平內外在評估落差產業
服務與監督小宇宙
◎服務小宇宙，加強小宇宙自信（如整形、美容、品味學習產業等）
◎監督小宇宙，防抄襲、專利權經營（如專利工程師、智慧財產權經紀人等）
◎注重在地文化與市場經驗

小宇宙的黃金衝刺期還有十年，而且邁向勝部沒有名額限制，你的趨勢觀察將會牽動千萬人的走向。

優勢1：小宇宙經濟體當道

不管你生產的是昂貴、便宜或免費的商品，都必須緊抓玩樂、獨特、夢幻等消費特質，從工具、徽章、安慰劑（網路、設計、服務業）三大消費領域下手，利用小宇宙不分年齡，從內到外渴望百變、想要做自己的心理，如此便舉目無一不是商機。

不管你販賣的是昂貴的住宿體驗，或是便宜的小設計商品，都要營造瞬間就對味的購買衝動，合拍進小宇宙嚮往的理想生活情境之中。工具、徽章、安慰劑的商品不只有國內消費需求和國際市場潛力，更有政府公部門支持。工作也不再受國籍限制，企業經營跨越國界，特別重視創新精神。

◎**網路工具**：只要更改程式語言設定，便可複製到許多國家。許多小遊戲甚至不需更改語言，不管使用英文或日文，都可以橫掃全球。

◎**設計類商品**：更是低成本的無國界商品，全球都是你的市場。善用「**B2B**」（企業對企業）的電子商務平台，將產品推向國際。

不過，當精采的設計產品大量推出時，設計人必須理解自己不是純創作的藝術家，不管商品如何具有巧思，目的終究是要為人服務。所以，設計人無論是純粹擔任設計工作或當個創業家，都必須在落實創意之外，具備開發產業鏈、精確瞄準市場目標族群，以及清楚區隔產品通路定位等三種能力。

其中，要特別留意的陷阱是，了解自己的產能與資金能耐，謹慎進行訂單管控，釐清到底自己走的是高價精品或量販精品路線。過去有許多設計類的中小企業，在接獲沃爾瑪（Wal-Mart）、好市多（Costco）等國際大型賣場連鎖的訂單時，總是會開心過頭，而忘記商品一旦進入量販市場，便容易被通路業者掌控生殺大權，創意也很容易被大批消耗，到後來淪落為傳統製造業的低成本紅海削價衝量和流血競爭。

此時，要特別能忍得住，清楚自己是要走精品設計的路線，或是另外開發一條精品量販路線來經營，並將兩種業務內容清楚區隔開來。

初入門設計者容易遇到的陷阱則在於，產品容易過度集中在簡單、易被取代的媒材上，如T恤、布偶、公仔、插畫等。這些領域的門檻低，一開始製作時會很有成就感，但是因為隨時都有新的競爭者湧入，侷限媒材的人容易在這種情勢中被喜新厭舊，遭遇瓶頸而心生放棄。許多當初一窩蜂進入「創意市集」的設計人，都遭逢過這種困境而半途退出。

服務業則是一開始必須著重在國內市場，開發創新的品味體驗，積極擁抱本地客與外國觀光客。在商業模式成形之後，如果創業者具有野心，則可以考慮接受投資者或

「天使基金」的協助，利用台灣與大陸、香港、新加坡等華人地區同文同種的優勢，將服務模式輸出。未來十年，大陸積極發展內需，只要是進軍對岸的服務業，市場潛力都會放大數十倍，甚至上百倍。

「韓國經驗」讓台灣政府知道，國家軟實力絕對需要公部門推一把。政府現在已成為小宇宙世代創業的最大投資者。在台灣亟欲往文化創意產業、觀光業、服務業導向經濟轉型之際，各種補助、評選都等著你去申請。

立法院在二〇一〇年三讀通過《文化創意產業發展法》，政府選定電視、電影、流行音樂、設計、工藝、數位內容等領域，投入超過台幣二〇〇億元進行補助，預估整個文創產業規模幾年內將突破一兆元，增加超過二十萬個就業機會。而這些，我們已經陸續在國片復興潮、獨立樂團逐漸躍上主流等幾個點看到發酵。

二〇一二年文建會整合新聞局部分業務，升格為「文化部」後，相關政府預算只會多不會少，補助領域涉及電影、流行音樂、設計產業等面向，就等著你抓住機遇。

以流行音樂為例，二〇一一年新聞局單單補助獨立樂團製作唱片的經費就超過一千萬元，有二十個樂團受惠。

樂團一旦得到政府補助，後續效應就像拿到門票一般，投資者也會開始注意你。當你出國表演需要申請各種補助時，因為已經有政府部門背書過，當然更加容易。

在這個版塊中，人才要特別留心的事也不一樣了。

當機會愈多時，比的就是務實而親近大眾。一窩蜂熱情時，比的就是冷靜細膩。標榜夢幻情調時，比的就是堅守信念。另外，雖然工具、徽章、安慰劑（網路、設計、服務業）比的是創新，又不受國界限制，但是能掌握多國語言，並了解當地市場，當然也就擁有較大的優勢。

你要有宏觀視野，從新趨勢中得到力量，而非渾渾噩噩自我封閉。

優勢2：「弭平內外在評估落差」的產業正崛起

如果工具、徽章、安慰劑的經濟體是利用享樂的特質，「弭平內外在評估落差」的產業就是在利用焦慮感的心理，而兩者的共同點都是，必須讓消費者覺得是在「做自己」，都透過消費變獨特了。

當人人都可當明星，人人都需要拼貼別人的知識和品味，人人都怕老，人人都可以靠著整形技術變得更像名模林志玲。當內在期許極高，外在現實就難免出現落差。

於是，弭平內外在評估落差的產業崛起了，它們是在服務小宇宙變得更有自信，協助重設自我價值。它們包括品味學習、整形與抗老、防抄襲等產業。

「美麗就是占便宜」是這幾年職場能力研究的新顯學，到搜尋引擎隨便找一下，每過一陣子就會有新的調查和研究發表：「長相好看的人，薪資高一成四」「穿著得宜，面試錄取率高五成」「職場拔擢時，品味好的人占優勢」。

大家都偷偷在做微整形，只是不想讓你知道。就好像BB霜已大受男生歡迎，卻都還藏在口袋裡當祕密武器。根據「Yahoo!奇摩購物中心」統計，二〇一〇年男性保養品的單筆訂單金額已經是女性的一．五倍。

社會價值觀在變，只要不傷身體，對自己有好處，經濟負擔不大，為什麼不能整修一下自己的門面？

根據國際美容整形外科學會在二〇一〇年發布的統計結果顯示，台灣雖只有二千三百多萬人口，整形手術的數量卻排名全球第十六名。醫院裡，外科醫師的職位不再是大熱門，許多醫學院學生把獨立執業賺大錢定為志向，全台已有超過三百家醫美診所，駐診醫師有許多並非整形外科本科別出身。

醫美業者宣稱，微整形產業的商機每年上看一千億元。美容網站FashionGuide還曾把醫美診所當作商品，來舉辦受歡迎度票選活動。

外表要好看，品味當然也要加分才行。

二〇〇八年我發現台灣正颳起一股「品味學習潮」，馬上啟動一個「品味大調查」，民調結果發現，有高達八五．二%的都會上班族認為擁有好品味可以提升職場競爭力，近六成認為吸收時尚新知、參加相關課程是提升品味的最佳方式。

包括品酒、穿著、餐桌禮儀等品味學習產業崛起，台灣都會上班族每人每月平均願意花九、三〇九元來培養自己的生活品味，也就是都會地區一年的品味學習商機就有近三千五百億元。

「品味」在職場中的必備性，就像「即使你是對咖啡因敏感的拒喝族，也不能不知道什麼是虹吸式咖啡烹煮法」。

幾年過去了，台灣人愈來愈有自信，知道「興趣」就是「品味」，有些人開始覺得不一定要花錢去上課。但是，品味商機的餅不但沒變小，反而愈做愈大，因為許多小宇宙世代會很有自信地依照自己的品味來消費。

「整形」和「品味學習」都標示了新世代「重設自我價值」的焦慮需求，只要掌握到關鍵點，都是商機。更進一步，現在網路達人也都有機會大賺品味學習財，只要勤於教人動手做，達人紅了，小宇宙也開心到了。

資訊大規模拼貼的結果，抓抄襲產業也成為炙手可熱的新職種。在法院，許多智慧財產權抄襲判決，不管是歌曲、設計或論文，控告和被控告的雙方都覺得很委屈，因為大爆炸時代，許多人可能看過、聽過那些資訊，但哪天靈光一閃拿出來用時，卻早已忘記是不是原創。

因此，監督小宇宙的產業，例如論文相似度檢測軟體、專利權法律人員、專利工程師、智慧財產經紀人與策展人等新職種，都很有發展潛力。而這些職種必須具備跨領域知識與整合力，對於語言、音樂、圖像的鑑別力要特別好。

相對於「小宇宙經濟體」版塊的跨國界，「弭平內外在評估落差產業」則特別注重在地文化的嗅覺與在地市場的經營。品味學習業者要掌握台灣人熱愛哪些興趣種類，美容業者必須了解東方人對於五官立體感和美白的心理需求；抓抄襲產業要特別注重如何創造雙贏局面，台灣的人際關係網絡特別重視情義，不必凡事都鬧上法院，有時私下的提醒與和解反而是在創造下一次合作的可能性。

在這個版塊中，人才要特別留心的便是「逐步卡位」。既然興趣和渴望都是可以學習的，當然也可以培養起來變成自己多元能力的利器，再進一步，興趣就會變商機。所以，小宇宙世代可以先把「興趣」安放到小宇宙外圍軌道，做好「興趣達人」，再設法跨領域融合，順勢而起。

優勢3：傳統行業裡也有小宇宙優勢

傳統知識密集產業以高學歷、高技術含量為基本門檻，文憑趨向精品化，名校畢業證書是通過企業與顧客關卡的優質識別證。包括醫師、律師、會計師等傳統專業人士，以及企業內部的人力資源、財務、工程師等專業人員，都講究靠職場歷練和績效來勝出，並且以「工作責任制」為主流，職涯進程是階梯化的概念。

然而當大家的歷練和知識都相差不多時，小宇宙經濟體提供一個全新的職涯發展和企業經營想像。也就是，在傳統工作中加入「工具、徽章、安慰劑」的體驗元素，便能在眾多競爭者中創造搶占新世代商機的「小宇宙優勢」。

最明顯的例子是，開始有牙醫診所加入「工具、徽章、安慰劑」的小宇宙體驗元素，讓自己與同業區隔開來。

在工具方面，大部分的人都不喜歡看牙醫，但是預防勝於治療，所以每半年以簡訊或e-mail提醒病患回診洗牙是基本服務，不但長期確保顧客口腔健康，還能增加門診回流率。

在徽章方面，小宇宙喜歡相互分享和取暖，連看個牙都要上網呻吟一番，博取同情，從誇耀痛苦來宣示自己有多勇敢。所以在診所中增設「臉書打卡點」是個好點子，讓小宇宙患者可以藉由打卡來得到自我的勇氣徽章，順便幫診所免費宣傳。這和小朋友看完醫生後可以拿到貼紙、小玩具當獎品的效果差不多。

在安慰劑方面，許多牙醫會在患者矯正牙齒的辛苦過程中塑造「我把你當作藝術品般雕塑」以及「我比你還關心你的牙齒」的氛圍，偶爾還向病患撒嬌：「你偷懶沒戴矯正器對不對？牙齒騙不了我，真是傷透了我的心！」醫師在整牙的每個階段與顧客大方合照，讓顧客貼上網路，營造「共同努力」的醫病同心氣氛。

同樣的做法也適用於律師、會計師等傳統印象中「冷冰冰」的行業，只看大家如何找到自己的「工具、徽章、安慰劑」獨特性做法。

傳統產業同樣能掌握小宇宙世代優勢，創造全新形象和豐富獲利。連鎖超市「全聯福利中心」是最好的例子。

在廣告公司的打造之下，二〇〇六年起「全聯先生」不只為這家連鎖超市擺脫「廉價等於粗俗」的印象，更賦予「省錢」一個很潮、很酷的形象——我不會因為你拿的是city`super的紙袋，我拿的是全聯的購物袋，就覺得自己比較不潮。

短短五年，全聯福利中心的門市數量已經從一百多家，展店到六百多家。

另外，既然UNIQLO、ZARA等國際服飾品牌可以利用小宇宙世代「瞬間決定，快速丟棄」的本能而大賺「平價時尚財」，台灣網購服飾國民品牌lativ當然也做得到。二〇〇七年成立後，lativ單年年營業額成長率曾高達三〇〇%，二〇一一年以三百名員工創下四十億元營業額佳績，是本土品牌成功的案例。

若是資金少，就以台北市東區巷弄裡的「潮店」為參考。他們很多都是號稱老闆親自前往韓國、日本帶貨，但業界心照不宣的事實卻是，店裡七成以上商品都從五分埔廉價批貨，只再略加熨燙、修剪線腳，掛在裝潢很潮的店裡，販售價格就提高五、六倍之多。

在這個版塊中，人才要特別留心的事也不一樣了。當大家的技術都差不多，如何同中求異，異軍突起，並在不變的工作中滿足自己騷動的夢想、飄移不定的興趣？最簡單就是先在穩定的工作裡加入玩樂、夢幻等元素，不必馬上決絕地轉業，也能在現階段培養自己的小宇宙優勢。

優勢4：積極往新產業版塊移動

小宇宙世代，知識藍領階級大批湧現，他們所從事的大多為勞力密集、以時間換取金錢的「三低工作」（低門檻、低工資、低技術含量），迴避掉工作責任制或知識密集工作的成就壓力。

知識藍領與低學歷藍領同時競爭著這些替代性高的工作，長久下來，容易養成「三低生涯觀」——低職位、低滿足、低企圖。

然而，當製造業大舉外移造成工作消失，外籍勞工和專業人士大批來台形成工作淪陷，許多三低工作會往「鐘點計薪制」的方向遭到擠壓，非典型就業大增，而這也和多數嚮往自由自在生活的小宇宙世代心理呼應，以至於知識藍領順理成章被大批推向社會敗部的邊緣。

如果是現在才領略到這個危機的小宇宙世代，該怎麼辦？答案是，設法往其他三個版塊移動。

如果是走傳統的路，就必須虛心投入專業的知識密集產業中，培養職場歷練和養成工作責任感是迴避不了的。

或是，善用「小宇宙優勢」，「小宇宙經濟體產業」或「弭平內外在評估落差產業」兩個版塊都能滿足小宇宙的內在渴求，又能合拍拼貼出頭天。

目前就擁有網路、設計、服務業專業技能者，可以直接跨進「小宇宙經濟體」中，但是千萬別在人脈不足與未了解產業文化之前，就一心只想著要自由工作。反之，應該找到志同道合的人一起努力，相互激盪和激勵；或是，加入現有的此類型大企業中歷練，先不必太計較職位工作的內容，以培養和觀察產業運作為優先。例如先到網路科技公司擔任業務員、到連鎖服務業擔任儲備幹部、到設計公司擔任財務會計等，都是很好的切入點。

如果專業技能不足，則可以設法靠著「弭平內外在評估落差產業」培養自己的興趣，在自己的小宇宙中安置一個或數個興趣型行星軌道，享受其中，讓自己變成興趣達人，適當時機再換軌，正式往「小宇宙經濟體產業」前進。

在這個版塊中，人才特別要知道的事是：加快訓練自己的「三A旋轉法則」，把試煉當成有趣的人生經驗，懷抱樂觀積極的態度。別把自己反向封閉起來，放縱自己於困惑和安逸的情緒中，要當個心懷好奇、有行動力的戰士，不只保持警覺，還要用力把格局旋轉開來。

優勢5：在華人圈的優勢地位還有十年

台灣的小宇宙黃金衝刺期還有十年，為什麼？

比起中國大陸，目前台灣在文化、產業、人才培育上都還擁有超前優勢。不過，不管你喜不喜歡，中國很快就要趕上。

中國早就崛起為世界第二大經濟體，中國政府的國家發展規畫是要在二〇二〇年使國家硬實力和軟實力都達到第一大經濟體的基本格局。為此，中國積極對外簽署區域貿易協定，把鄰近國家都納入貿易交流與人才競爭的腹地。中國的成與敗、繁榮或矛盾，早已牽動整個世界局勢，也牽動我們的未來。亞洲的消費市場和人才市場因此都在劇變中，而且還有更大的變動要來。

中國政府力推以儒家文化領軍的文藝復興運動，大學生人數翻倍成長，大批小留學生被送出國，他們不只有富爸媽支持，還從小學會一口流利外語，與國際職場溝通零障礙。過去十幾年中國經濟快速起飛期間，被細心栽培的孩子視野整個不同了，十年後就都要成為社會中堅，躍上國際人才的競爭市場。

台灣人最引以為傲的軟實力領先時間差愈來愈短。二〇〇二年偶像團體F4風靡大陸之際，我走訪兩岸三地娛樂業多位重要人士，當時大家幾乎不約而同地說：「偶像是飽暖而思淫欲的產物，中國十年內不可能出現魅力偶像征服亞洲。」

二〇一一年我到北京，《men's uno達人誌》大陸版總編輯馬焱潔的回答是：「中國已經是全球最大奢侈品消費國，時尚雜誌編輯在國際時裝發表會上都坐到第一排了，如果台灣人才還認為自己可以一直擁有絕對優勢，是講來安慰自己的。」

善於利用小宇宙優勢者不會悲觀地定睛在即將到來的挑戰，而是把這十年當作搶先衝刺的機會，並且利用小宇宙經濟體的「工作不受限國籍，市場經營跨國界」特質，把在台灣培養出來的競爭力往國際、華人市場發展，搶占先機。其中要特別關注中國市場。

此時，人才特別要知道的是：打開眼界、關心大事、學習重拾父執輩「一卡皮箱走天涯」打拚的精神。「扛起皮箱」的目的可以有很多種，但最好別只是漫無目的。

利用這十年的優勢，如果大陸人才的利基是信仰「財富」所培養出來如狼似虎的求勝心，你的利基就是基於信仰「價值」、不如狼似虎的分享心。

優勢6：明星蜂擁時代來臨

使用社交網站的人都會發現，當你的好友人數捲到一定數量時，隨後就是飛快加倍成長。除非你有意識地把它控制在固定規模，否則有一天你很難避免一發言就直接連結到數千人的情況。於是，愈來愈多人使用粉絲網頁。

使用網購的人也會發現，當賣家的每月成交數量到達一定規模時，很快地這家網店就會具有擴大營運的潛力。

這些網路名人、知名賣家，一旦站穩「第一線」的地位，名氣便至少可以吃喝不盡一段時間。媒體記者一波波上門採訪，他們已經擁有可以被炒作的「個人品牌」。

對大企業而言，品牌經營一定要設法取得「第一品牌」的地位，才能確保市場競爭優勢。但是，在明星蜂擁出現的風潮中，你不必是一個「第一個人品牌」，只要是「擁有獨特魅力的個人品牌」，就可以愈捲愈大。

在小宇宙的世代裡，「馬太效應」並非少數人才握有門票，而是人人有份，成功沒有名額限制，進入成功的循環就在一念之間。只要你願意，便得以進入馬太效應「成者愈成」的循環裡。

此時，人才特別要知道的是：從冷門領域也能竄出，有信用，不自大，成功是「一連串成功」的過程，就像小宇宙要一遍又一遍地旋轉，堅持住的人就贏。大破大立的時代背景下，要一口氣就卡入勝部，不斷卡進去。

擁抱大爆炸，利用大爆炸。

除了馬太效應，台灣人還有一種獨特的時代機遇，我稱之為「森林效應」。

作家平路曾用一個比喻來描述台北這個城市。她說，對比香港，台北就像是一座擁有許多隱藏角落的森林，住著金絲雀、藍鵲等可愛鳥類；而且，我們已經習慣了彼此近距離接觸，所以不會大驚小怪，以至於驚擾了，讓鳥兒倉皇飛走。

台北人文薈萃，到處都有可以讓我們學習的「明星」，而且這些明星近到隨時可能和我們擦肩而過，甚至根本是我們的鄰居。不只台北人有明星鄰居，全台灣各地都有臥虎藏龍的能人。

許多人應該都有過和我類似的經驗。早上出門時在電梯裡遇見歌手范逸臣；坐在星巴克喝咖啡時，正好看見性別論述權威何春蕤教授正戴著耳機邊哼著歌，隔著落地窗從我眼前走過。

搭上往高雄的高鐵，中華民國紅十字總會會長陳長文就在臨座。到了高雄，在捷運上遇見每週南北通勤的中選會祕書長鄧天祐，閒聊幾句今年他果園裡芒果的收成。來到市立圖書館，陳菊市長正好走過去，許多市民主動和她打招呼：「菊姊啊！」回到台北，出了古亭捷運站，遇見奧美集團董事長白崇亮正帶著孩子要去教會；一轉身，設計師蔣友柏和我擦肩而過。

「明星近距離感」就是台灣在華人世界裡與眾不同的優勢：當明星離我們愈近，我們彼此就愈自在，這種近距離感也容易讓我們興起「有為者亦若是」的豪情，對生涯、對生活哲學有了更多的想像力。**「森林效應」就是明星圍繞在四週，使我們更自信於自己嚮往的那種美好並非遙不可及**。

微軟創辦人比爾．蓋茲曾經提醒世人留意中國崛起的氣勢，並對全球人才發出一句警語：「在中國，如果你是百萬分之一的菁英，那麼還有一千三百萬人跟你一樣優秀！」但是若逆向思考，現在的中國人口結構太過龐大，築起一道「明星高牆」，反而稀釋了互通生息的機會。因為城市太大，太難遇見明星；貧富差距太大，明星出入的場所被財富區隔開來；眼睛太多，追星狂熱，金絲雀就躲得更兇，一般人愈難想像他們的習慣與節奏。

反觀台灣，繁花盛開，金絲雀們近在咫尺，有著大陸與香港都缺乏的「明星幸福感」。明星的一舉一動你都可以看見，所以也不會將他們神化，而是更容易看穿他們背後的人生價值「魔術高點」。這也是小宇宙世代可以充分受益的「森林效應」。

優勢7：判讀趨勢，你的觀察將牽動千百萬人

社交網站已成為許多人吸收訊息的主要媒體，看網路消息做新聞早就是主流媒體的常態。許多人會解讀成這是「記者懶惰」，但真相是：「微趨勢觀察」變成一門顯學。《微趨勢》一書作者麥克．潘（Mark J. Penn）在二〇〇七年時宣稱：「一種趨勢只要有一％人口，就能催生一部賣座電影、一本暢銷書、一種政治運動。」

在今天，《微趨勢》講的這一％人口已更進一步、更自覺，他們不只是趨勢專家筆下被動的「被發現者」或「被解讀者」，而是主動的「自我揭露者」和「觀察發聲

者」。一句無聊的話可以被廣泛傳遞，一篇有邏輯的趨勢分析文或一個長期的網路書寫者，當然更能夠牽動千萬人的共鳴，改變千萬人的價值觀。

如果你認為Mr.6劉威麟、女王等知名部落客的觀察還不夠好，你當然也可以自己來，並設法把你的觀察廣泛地散播出去。你的正確觀察和報導會牽動千百萬人的走向，你的正確判讀，也能讓你從漫漫網海中躍出水面。

此時，人才應該要知道，觀察趨勢是一種樂趣，也是一種利基，是帶你射進未來的那把箭。

所以，你要多多閱讀趨勢書，學習如何觀察，並從生活中你感興趣的小地方著手。住家附近的商圈如果沒落了，就回想這幾年發生了什麼事、關鍵是什麼。你身在其中，觀察當然最貼切。喜歡光顧哪家熱門小吃店，就分析它成功的原因，細想如果是你經營，還可以在哪些地方做到最好。熱愛單車環島，就特別留意沿途風光，例如「為什麼這一帶公路旁的汽車抵押借貸廣告特別多？」思索在你看到的美好風景背後隱藏著什麼樣的社會變動。

讀過的趨勢書千萬別丟掉，發現好書想送人時一定要買一本全新的。因為，幾年後當你把趨勢書再拿出來看，就可以清楚看出作者的觀察和預測說對了哪些方向？為什麼？作者講錯了哪些？犯的推論錯誤在哪裡？自己如何不會再犯？

把自己當作趨勢觀察者，把自己的生活當作趨勢來觀察，有兩個明顯的好處：

◎你的視野會變得宏觀，小宇宙中心點的那個「自我」會自動跳高來縱覽全場，而非只是纏繞在橫向相互取暖的歡樂中。

◎把自己也當成趨勢的觀察對象之一，進行自我揭露時就會更誠實，凝視時就會更仔細而謹慎，描繪夢想時就會更清晰而踏實。

趨勢和夢想必讓我們利用

時代的演進，絕對不會只給我們享樂而不給我們挑戰，也絕不會只給我們商機而不設下盲點。

所以，此時再回頭檢視本書前言所提及反覆困擾著這個世代的幾個關鍵迷惘，我特別歸納出全書精華重點「小宇宙世代成就自我的十二個關鍵」，以表格簡明呈現（見第二五〇頁）。不管你是小宇宙世代或是關心小宇宙世代的人，當遇見迷惘的生涯難題時，可以再對照這些重點，反覆提醒自己。而且，有一個觀念一定要把握住，「我們從時代得到什麼禮物，這份禮物就必為我們開路」。

抱持凡事必有益處的想法，同樣一個時代，獨善其身也能兼善天下，自由自在也能創造世代的集體共贏。

最後，讓我們跳到更高的層次，一幅未來的美好圖像就等待著我們去發生。整個社會擁有千百萬個獨特運行的小宇宙，每個人都是可以獨當一面完整、完備的人，許許多多「理想的生活」讓銀河布滿繁星點點。

不管任何趨勢和夢想，都必讓我們利用。你已經正在成為理想的自己，也已經伸手抓住你的真愛。旋轉吧！各位小宇宙！

小宇宙世代迷惘的十二個關鍵問題，主要可以分成四大類：「我是誰？」「過程遭遇了難題」「社會結構產生巨變」「大爆炸帶來多元趨勢狂潮」。

表十　小宇宙世代成就自我的十二個關鍵

類別	問題	對應心態
我是誰？	選擇多，下不了決定	◎要勤於描述，能把自己想要的都具體表達出來，宣示你已經付諸行動，建立自己的小宇宙旋轉軌道。
	夢想模糊	◎不斷談論自己想成為什麼樣子，而不是一直抱怨自己無法成為那個樣子。
	什麼是理想生活？ 什麼是理想的人生？ 理想的伴侶在哪裡？	◎Aim High（緊盯高點）、Aim Broad（目標廣大）、Aim inclusive（包容旋轉）。 ◎告訴自己：「我的視野高遠，我的最愛逐漸清晰，我的夢想一定達成。」 ◎不放棄，持續分享。（Don't give up, keep giving.）
	「自己」是什麼？	以人生信仰的「魔術高點」所組合成的「完美式樣」。
	「自由自在」是什麼？	◎自由自在是「享受過程」，但不是「溺愛自己」和「放棄努力」。 ◎緊抓著多元嗜好，不斷嘗試，小宇宙的旋轉不是零和遊戲，熱血用對了地方就是享樂，享樂也不再是「瞎熱血」。 ◎盼望結果，就不會只安於小小的自由自在。
常見的過程難題	無力感 ．找不到方法的無力感 ．不知道經濟基礎的無力感	◎緊抓真愛，排列軌道，逐步拉近。 ◎在「完美式樣」的核心之下，就算你發現目前從事的工作不是你的真愛，那麼你已下了夠久的功夫，這也會成為你的強項。

常見的過程難題	時間不夠用	◎把八爪魚觸角訓練得更有效能。 ◎要開一個讓自己覺得「辦正事」的主視窗，或隨時可以剪貼的Word檔、圖片檔案夾。當你看到對味、合拍的東西，就可以隨時剪貼或下載，建立資料庫。
	無法有效使用人脈	◎經營個人品牌，主動出擊，當恆星！當明星！讓別人繞著你旋轉！
	反反覆覆 ·問題反覆出現 ·生涯時序錯亂	◎找出總是會遭遇到「卡卡」的地方，突破它。沒有突破，就表示下次阻礙照樣會出現，成為你一生的絆腳石。 ◎目標高遠，確立主軸，瞬間對味，適時調整各個行星軌道的遠近，從最重要的軌道先做。 ◎把自己的人生立體起來！
社會結構產生巨變	大批知識藍領出現	◎破解被經濟體系裡的享樂主義「溫柔」地對待，就是不可寵溺自己，要保持警醒。 ◎破解被「推擠」到敗部，就是要緊抓真愛，並勇於嘗試和冒險。
	控制時間的欲望	◎累了就要休息。
大爆炸帶來多元趨勢狂潮	各種大爆炸	◎隨時更新自己的觀念和心意，從新趨勢中得到力量，利用時代，享受旋轉，相互效力。
	世代衝突	◎對孩子與下屬要抱持開放心態，積極面對資訊大爆炸，不要想自我隔離。 ◎年紀大的人，更要擁抱寬闊的網路世界，交朋友、補充新知，不要因為不熟悉數位世界就一味排斥。
	如何和小宇宙世代打交道	◎積極擁抱時代，積極鼓勵新世代，積極幫助他們把人生立體起來。

後記與致謝

二〇一〇年夏天，在我生活中發生了兩件非常關鍵的事情。

初夏時分，生命鬥士、《人生不設限》作者力克．胡哲來台，我所任職的媒體拿到獨家專訪。雖然我早就在網路上看過他天生沒有四肢，卻對生命擁有最大熱情和盼望的故事，但仍基於記者的本能，在心中對這位三十歲不到的年輕人能講出什麼樣的訊息略帶懷疑。

採訪當天正好是我的密集截稿期，因為行程安排稍有延宕，我心裡只想著趕快訪完，快快回家寫稿。而訪談開始未久，我又突然被告知至多再問一個問題就好了，心中一股焦躁和不耐。

突然，力克靜下來，岔開話題，對我講了一段話：「我天生沒有四肢，這始終困擾著我；在我十歲時一度已決定要自殺，但上帝派了一個人來關心我，問我『你好嗎？我擔心你。』這及時拉了我一把，讓我重新得到力量。你會經歷怎樣的痛苦我不知道，但是你的眼淚只有上帝聽得懂，你的生活中是否也有需要你關心的人？」然後我們一起做了一段禱告。

一個月後，我的好朋友自殺了。

這位摯友個性開朗，家境富裕，台大畢業，擁有專業執照，在學時是社團的風雲人物，在網路論壇上也十分活躍。他總是興趣廣泛，畢業後輾轉好幾個工作，拿不定主意要做什麼；他總是夢想著自由自在過著理想的生活，但夢想總是不夠具體，所以有時會向我抱怨「不知道自己的位置在哪裡，有一種夢想敵不過現實的無力感」。

我總是鼓勵他，推薦他看一些勵志書，他也會因此振作起來一陣子，然後又陷於迷惘。他的爸媽給他全力的後援，「想做什麼都行，都無條件支持。」

但是，他還是自殺了。留下的遺書寫著：「對不起，但是生命對我來說好困難。」

他是典型的新世代年輕人，患選擇多，而非患沒選擇；充滿熱血，卻找不到熱情的施力支點；見識過很多精采的人生，希望每一種都能擁有。

朋友離去幾天後的深夜，我突然想起先前力克的採訪，找出逐字稿檔案，赫然看見前述他對我說的那段話，頓時內心翻騰，無比複雜。

隔日，我到台大物理系採訪許仁華教授，主題是物理系在時隔三十九年後又超越電機系重返第一志願寶座，台灣年輕人在職涯發展上愈來愈忠於自己的興趣，勇於做夢。我們也聊起許多世代新迷惑與新議題，突然間，許老師停了幾秒鐘，直直看著我的眼睛，說：「這些疑問恐怕必須由你自己來回答！你是記者，到過那麼多地方，見過那麼多場面，接觸過那麼多不同的人，發現趨勢、破解迷惘的人就必須是你！」

緊接著，我的生活自動敞開了許多的門，每一道都是通往破解這個世代趨勢的解答之門。

我終於下定決心寫一本書，並開始有計畫地利用採訪與演講的機會，廣泛蒐集產、官、學界菁英和青年世代的看法，也將手上的專欄、報導、廣播節目等，全都導向「新世代」議題的探討上，再加上近二十年來累積許多第一手的歷史現場紀錄和量化調查結果，進行全面性的思考。

接下來，我辭去工作，經過一年的寫作時間，為台灣讀者寫的這本世代趨勢書終於完成了。

寫完這本書的下午，落地窗外正好有成群大學生談笑走過，風吹動樹梢嫩綠的葉子，我靜靜地坐了一會兒，才想到自己原來已在這家星巴克的同一個位置寫了一年，實現了這個破解世代迷惘的心願。

趨勢寫作是一場奇妙的發現之旅，在過程中我曾遭遇幾個較難突破的轉折，甚至在寫到小宇宙悲歌的章節時，因懸念著那些心懷熱血卻被時代磨擦燒燬的年輕生命而數度動容，無法繼續。多虧有許多人的幫忙和鼓勵，才讓本書順利完成。

他們讓我不只獲益良多，也發現了一個道理：自己若虛心接受別人的祝福，便是在給自己祝福。

我特別要向幾個人致謝。

第一位是遠見．天下文化事業群發行人王力行女士。在王發行人多次的提點中，讓我對記者工作有了全新的想像與定位，相信新聞人可以不只是真相的揭發者，還能進一步成為改變力量的發現者。

從寫作的一開始，輔仁大學社會系助理教授吳宗昇一起多次腦力激盪，建構出這本書的原始雛型；在書稿完成之後，他也協助進行校訂。雖然自從他當了我大學學弟的第一天起，一直是我照顧他很多，但這回他實在是幫助我很大。

下半場，圓神出版事業機構的專案企畫部經理賴真真和先覺出版社資深主編李美綾加入，本書才呈現如此完整的樣貌。還有行銷企畫部經理吳幸芳，謝謝上帝讓她來當我的朋友，協助我日益精進。

出現在這本書中的朋友，有他們不吝分享經驗和觀察，才成就了這本書。過程中，陳世良建築師不斷給予意見和鼓勵，助理陳怡菁協助整理資料。

當然，還有我的父母、家人，永遠是我的支柱。

我愛你們，願萬事都互相效力。

The Eurasian Publishing Group
圓神出版事業機構
用心與你對話．網野無限寬廣
先覺出版社
Prophet Press

http://www.booklife.com.tw inquiries@mail.eurasian.com.tw

商戰系列 106

用對熱血，人生就定位──小宇宙世代成就自我的12個關鍵

作　　者／林奇伯
發 行 人／簡志忠
出 版 者／先覺出版股份有限公司
地　　址／台北市南京東路四段50號6樓之1
電　　話／（02）2579-6600．2579-8800．2570-3939
傳　　真／（02）2579-0338．2577-3220．2570-3636
郵撥帳號／ 19268298　先覺出版股份有限公司
總 編 輯／陳秋月
資深主編／李美綾
責任編輯／李美綾
美術編輯／陳素蓁
行銷企畫／吳幸芳．涂姿宇
專案企劃／賴真真
印務統籌／林永潔
監　　印／高榮祥
校　　對／李美綾．林奇伯．陳怡菁
排　　版／陳采淇
經 銷 商／叩應股份有限公司
法律顧問／圓神出版事業機構法律顧問　蕭雄淋律師
印　　刷／祥峯印刷廠
2012年6月 初版

定價 290 元　　ISBN 978-986-134-190-3

時代的演進，不會只給我們享樂而不給我們挑戰，也不會只給我們商機而不設下盲點。遇見迷惘的生涯難題時，可以反覆提醒自己：我們從時代得到什麼禮物，這份禮物就必為我們開路！

——林奇伯，《用對熱血，人生就定位》

國家圖書館出版品預行編目資料

用對熱血，人生就定位：小宇宙世代成就自我的12個關鍵／林奇伯著.
-- 初版. -- 臺北市：先覺, 2012.06
280面；14.8 × 20.8公分. --（商戰系列；106）
ISBN 978-986-134-190-3（平裝）
1.自我實現 2.生活指導

177.2 101007332